27

n 11438.

I0122890

TOMBEAU DE RAYNAUD DE LA PORTE, ÉVÊQUE DE LIMOGES.

NOTICE

SUR LA VIE ET L'ÉPISCOPAT

DE

RAYNAUD DE LA PORTE

ÉVÊQUE DE LIMOGES

ARCHEVÊQUE DE BOURGES, CARDINAL ROMAIN

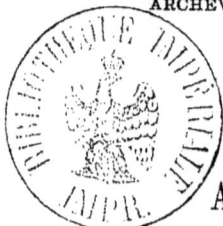

PAR

ARMAND DE LAPORTE

MEMBRE DE LA SOCIÉTÉ ARCHÉOLOGIQUE ET HISTORIQUE DU LIMOUSIN

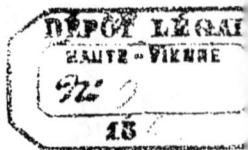

DÉPÔT LÉGAL
HAUTE-VIENNE
72
13

LIMOGES

CHAPOULAUD FRÈRES

Rue Montant-Manigne , 7.

BOURGES

chez

LES PRINCIPAUX LIBRAIRES

1862

Ln27 11438

NOTICE

SUR LA VIE ET L'ÉPISCOPAT

DE RAYNAUD DE LA PORTE

ÉVÊQUE DE LIMOGES

Archevêque de Bourges, Cardinal romain

I.

Parmi les personnages illustres du Limousin, il me semble que les biographes ont eu tort d'oublier Raynaud de La Porte, qui fut évêque de Limoges pendant vingt-deux ans, prit une part active au différend de Philippe le Bel et de Boniface VIII, fut l'un des commissaires pontificaux dans le célèbre procès des templiers, construisit le chœur de la cathédrale de Limoges, devint archevêque de Bourges, cardinal de l'Église romaine, et, après avoir rempli auprès du pape Jean XXII les missions diplomatiques les plus importantes, mourut comblé d'honneurs, en laissant une mémoire irréprochable. Je vais essayer de réparer cet oubli.

L'époque de la naissance de notre prélat remonte à la deuxième moitié du XIIIe siècle, à une date que je ne saurais préciser, entre 1260 et 1265. Son père était un de ces petits seigneurs qui, moyennant un baiser de main et l'équipement de quelques cavaliers offerts comme marque de soumission au maître nominal du pays, gouvernaient, dans le rayon de leur fief, les bourgeois et les manants d'alentour, imposant, jugeant et punissant selon leur bon plaisir ceux que la coutume soumettait à leur juridiction. Il était co-seigneur d'Allassac en Bas-Limousin. Le ciel lui avait donné cinq enfants : Raynaud, qui suit; Bertrand, que les livres généalogiques qualifient de chevalier (*Hist.*

des gr.-off. de la couronne, T. VII, p. 17), et qui fit souche (1) ;
Guy, qui devint successivement prévôt d'Arnac, abbé de Vigeois
et finalement de Saint-Martial ; une fille, qui épousa le chevalier
N. Bony de Maumont (2), et une autre qui fut femme de N. Brun
et mère de l'évêque de Noyon, Bernard Brun.

Raynaud fut, dès son enfance, dit l'abbé Nadaud, entretenu
aux études par ses parents, et soigneusement élevé dans la
crainte de Dieu et l'amour de l'Évangile, dont les principes se
gravèrent si profondément dans son cœur que, à peine parvenu
à l'âge de raison, il se dévoua tout entier à l'Église. (Nadaud,
mss. du gr.-sém. de Limoges.)

A laquelle des nombreuses abbayes du Limousin doit revenir
l'honneur d'avoir façonné cette âme d'élite ? C'est ce que nous
ne saurions dire : toutefois il est présumable, en tenant compte
des usages de ce temps, que les deux frères Raynaud et Guy,
dont l'âge était peu distant, furent élevés ensemble, soit aux
bénédictins de Vigeois, soit à ceux de Saint-Martial.

Raynaud avait partagé le temps de sa jeunesse entre les exer-
cices de la piété et les travaux de l'étude Il atteignit l'âge
d'homme sans qu'aucun de ses contemporains se soit occupé de
nous conserver le récit de ses actions.

En ce temps notre province n'était pas heureuse, car on était
au milieu de cette terrible guerre de la succession d'Éléonore
qui divisa si long-temps la France et l'Angleterre. En recon-
naissant la domination de la maison de Plantagenet dans toutes
les contrées d'Aquitaine, et malgré la formule de vasselage,
puissante peut-être sur les esprits, mais administrativement
illusoire, qui faisait du conquérant anglais son homme-lige,
saint Louis venait de sacrifier à une vanité puérile ou à une
fausse sécurité les belles provinces du Limousin, du Périgord,
de la Saintonge et de la Guienne ; et, quoiqu'on puisse dire avec
raison que souvent, pendant le moyen âge, il pleuvait dans les
terres du roi tandis qu'il faisait beau dans celles des vassaux de
la couronne, le Limousin, pays limitrophe entre les possessions
du roi Henri III et celles du roi Philippe III, suivait avec anxiété
les vicissitudes d'une guerre désastreuse, et en subissait à toute
heure les funestes conséquences.

---

(1) Une de ses filles épousa Robert V de Montbron.
(2) Il est question du chevalier Bony de Maumont, son neveu, dans le
testament de Raymond de La Porte.

Pour comble, dans Limoges même, la célèbre lutte entre la commune, fille de la bourgeoisie, les vicomtes, issus de l'autorité royale, l'abbé de Saint-Martial, symbole de la féodalité crénelée, et l'évêque, seigneur mitré des plus riches baronnies, mettait tout en feu depuis le commencement du siècle.

Si, dans la ville basse, l'évêque régnait sans difficulté, l'abbé de Saint-Martial, dans la ville haute, malgré les murailles de son monastère, la sainteté de ses reliques et le nombre de ses coffres d'or, avait peine à maintenir ses priviléges, tantôt méconnus par les vicomtes, tantôt mis en oubli par les bourgeois. L'abbé soutenait que Louis le Débonnaire, son bienfaiteur, avait donné au monastère de Saint-Martial toute seigneurie sur le territoire du Château, sans compter ses autres priviléges. Depuis Fulcherius, qui fut investi par le roi Eudes, disaient, de leur côté, les vicomtes, tout le pays doit reconnaître notre bon plaisir. Plus anciennement encore, reprenaient les bourgeois, César nous a accordé le droit de nous gouverner par nos consuls, avec des priviléges qui, sans avoir jamais été interrompus, viennent d'être confirmés encore par le souverain d'Aquitaine. Enfin, venus les derniers, mais appuyés sur cette épée redoutable qui écrit le droit des conquérants, les rois d'Angleterre, réclamant la mise à exécution du traité de Brétigny, ne cessaient de dire que c'était d'eux que relevait la terre, et d'eux aussi que les habitants devaient recevoir des lois.

La jeunesse de notre futur évêque dut être bercée du récit de ces douloureux évènements. Peut-être puisa-t-il dans le spectacle de ces désordres ce violent amour du droit, de la justice et de la règle qui fut comme la devise de sa vie.

Enfin, après la mort de la vindicative Marguerite de Bourgogne, veuve du vicomte Guy IV; après la domination de sa fille Marie, épouse d'Arthur II de Bretagne; après l'arbitrage du chanoine Gilbert de Malemort, la sentence de Philippe le Hardi qui réglait les différends des bourgeois et des vicomtes, et finalement la prestation de serment faite par le successeur de Marie entre les mains du pointilleux abbé, une trève, sinon la paix, permit aux Limousins d'oublier leurs querelles domestiques pour songer aux malheurs de la patrie.

Ces évènements nous mènent jusqu'à 1291. C'est alors que nous rencontrons pour la première fois dans les chroniques le nom de Raynaud de La Porte avec le titre de chanoine de Saint-Étienne. (Baluze, *Historia Tutelensis,* p. 179.) Il pouvait avoir, à cette époque, vingt-cinq à trente ans. Selon toute apparence, il avait pris les ordres. En 1292, il dut quitter le chapitre pour suivre en Velay Guy de Neuville, évêque du Puy, qui le choisit pour vicaire général. En 1293, il fut nommé archidiacre de Combrailles, et revint en Limousin. Nadaud ajoute qu'il portait le titre de chapelain du pape ; mais il est à remarquer que de 1292 à 1294 l'Église n'avait pas de chef, et par conséquent pas besoin d'aumônier pontifical (1).

Au mois de juin 1294, l'évêque Gilbert de Malemort ayant rendu son âme à Dieu, les chanoines de Saint-Étienne s'assemblèrent pour lui choisir un successeur. D'après un ancien privilége, le chapitre de la métropole jouissait du droit d'élire son évêque après en avoir demandé l'autorisation au roi. Mais là encore il y avait dispute ; car, de son côté, la cour de Rome regardait ce siége comme un de ceux dont la provision lui était réservée. Bref les chanoines, ayant présenté leur requête au roi Philippe le Bel, nouvellement monté sur le trône, et obtenu son adhésion, s'assemblèrent au mois d'août, dit le P. Bonaventure, et élurent unanimement, avec grande joie, Pierre de Saperie, natif de Donzenac, lequel était chanoine d'Évreux, et avait déjà refusé l'évêché d'Alby, que le pape lui avait offert. Le chapitre députa Raynaud de La Porte pour lui porter l'acte de son élection. Mais cet homme incomparable, qui était au-dessus de toutes les charges, ayant fait des excuses très-humbles, refusa la dignité qu'on lui offrait. (Bonaventure, *Ann. lim.*) On croit qu'il mourut depuis à Blaye en odeur de sainteté. (Nadaud, *mss. du gr.-sém.*)

Le refus de Pierre de Saperie occasiona probablement quelque brigue ; car, le roi ayant renouvelé en faveur du chapitre l'autorisation de se choisir un évêque, cinq électeurs n'eurent pour se décider dans leur choix que le temps nécessaire pour brûler une chandelle. Enfin, le mardi après l'octave de la Toussaint 1294, le chapitre donna son suffrage à Raynaud de La Porte, qui fut le 61° évêque de Limoges.

L'élection du nouveau pontife fut immédiatement approuvée par l'archevêque de Bourges, son métropolitain ; mais l'Église maintenant avait un pape : le court espace de six mois écoulés depuis le décès de Gilbert de Malemort avait suffi pour donner à

(1) Célestin V fut élu le 5 juillet 1294 : son prédécesseur Martin V était mort en 1492.

Rome deux chefs, Clément V et Boniface VIII. Ce dernier n'eut pas plus tôt ceint la tiare, en décembre 1294, qu'il voulut déclarer nulle l'élection faite par le chapitre de Limoges. Mais déjà Raynaud avait pris possession depuis le 24 juillet, et prêté serment à la cathédrale : force fut de lui maintenir sa provision. Boniface ne se doutait guère, en la signant presque malgré lui, que cet évêque serait un jour un de ses plus ardents défenseurs.

Le célèbre dominicain Bernard Guidonis, contemporain et compatriote de Raynaud, parle de lui comme d'un prélat qui devait donner un grand éclat à sa charge. (B. Guidonis, *Sanctorale.*) Les auteurs de la *Gallia christiana* (T. II, col. 531) disent de même à son éloge que, s'il se montra moins difficile pour l'acceptation que Pierre de Saperie, il ne fut pas moins digne de gouverner : c'est ce que je vais essayer de mettre en lumière.

II.

L'évêque de Limoges, comme la plupart des dignitaires ecclésiastiques de ce temps, était à la fois un prince temporel et un chef religieux.

Comme prince temporel, il était seigneur et justicier de la Cité (1) de Limoges (voir un mandement de Philippe le Bel adressé au sénéchal de Poitou en 1287), seigneur de la salle épiscopale (2), baron de Saint-Junien (3), seigneur du Pont-de-

---

(1) La Cité était distincte de la ville ou Château; elle formait une enceinte à part qui s'étendait le long de la Vienne, depuis La Roche-au-Got jusqu'au Naveix en passant par la place Boucherie. Un plan de la Cité avec celui de la ville sur la même feuille se trouve entre les mains de M. Roméo Chapoulaud.

(2) De 1294 à 1316, la seigneurie de la Salle épiscopale possédait les fiefs suivants : la tour d'Amblard, le repaire de La Bachellerie, le repaire de Beau, le mas d'Arrègne, le mas de Coubras, la borderie de Fargeas, celle de Chardonniéras, le mas de Fonjaudran, le bourg de Feytiat, le bourg de Saint-Augustin et Saint-Lazare en litige avec l'abbaye de Saint-Augustin, le château et la châtellenie de Magnac, le mas de Marlich, le mas de Marlhaguet, la borderie de Marsat, le mas de Moissaguet, partie du bourg et paroisse de Panazol, le pont Saint-Martial, le droit de pêche depuis le ruisseau Merdanson jusqu'au pont Saint-Martial, sans compter bon nombre de maisons, terres, prés et vignes qu'il serait trop long de porter ici. (*Terrier de la Salle épiscopale*, aux archives départementales.)

(3) La baronnie de Saint-Junien était, à la même époque, composée des fiefs suivants : la paroisse de Saint-Amand, le mas d'Aurivaut, la

Noblac (1), châtelain d'Eymoutiers (2), d'Allassac, de Donzenac, d'Evaux, de Sadroc, de Saint-Maurice-des-Lions, de Comborn, d'Isle, etc. (Voir aux terriers de ces diverses seigneuries : *Mss. des arch. départem.*)

paroisse de Saint-Auvent, le mas de Beaulieu, la tenue de Beauvais, le fief de Beauvieux, le mas de Belagent, le fief de Beyssot, le fief de Bois-Itier. la borderie de Boliat, le mas du Boschet, le mas et forêt de Boischert, le mas de Chabanais, le mas de Cha-Bordas, la châtellenie de Château-Morand, le mas Codès, la paroisse de Coignat, le mas Croyer, la paroisse de Dournazac, la paroisse de Javerdac, le mas de La Joubertie, le mas de La Roche, le mas de La Sepède, le mas de Lavaud, le mas de Maumont, le mas de La Mesure, le fief de Montvollier, le mas des Jommiers, le mas Raffau, le mas de Raynia, le mas de Rochela, le fief de Raton, le fief de Saliot, le repaire de Veyrac, sans compter les bois, vignes, prés, jardins, vergers, terres, moulins, maisons, charniers, cabarets, etc. (*Terriers de Saint-Junien*, aux archives départementales.)

(1) La seigneurie du Pont-de-Noblac n'était pas moins riche : le mas de l'Age (paroisse de Saint-Just), le repaire et les terres d'Arfeuilles, l'abbaye de L'Artige, le repaire de Beaufort, le mas de Haut-Billac, le mas de Las Blanchiéras, le mas de Baubiat, la seigneurie de Rignac, le village de Bussières-Saint-Just, le village de Chabrely-Saint-Paul, le mas du Haut-Champ, le bois de Chastandeu, le mas du Chatenet, le mas du Chastagnier-de-La-Geneytouse, la forteresse de Noblac, le fief du Château-Merle, le mas du Cros, le mas de Livaillo, la roche de Champnetrie, La Virolle, le moulin de La Mazière, le mas de Maynil, le mas de Mousat, le moulin de Noblac, le mas de Noiet, le fief du Palent, le mas de Pimpelop, le mas de Naufil, le péage du pont de Noblac, le mas de Prypelat, le mas de Puyrasit, la métairie du Queyroir, le mas de Ramanas, le mas de Rieupeyroux, le mas de Rochas, le mas de Roche-Servières, le mas du Rocher, le mas de Rougerie, le mas de La Rossana, la paroisse de Saint-Priest-les-Oulières (Taurion), le mas de Tornal, la tour de Noblac, la borderie de Tradau, le village de Vaussauton, le village de Vaux-Saint-Denis, le fief de Veyvialle, le village de Ville-Joubert, le bois de La Voûte, sans compter les maisons, prés, terres, jardins, et les droits de péage, vinage, salinage, etc. (*Répertoire et terriers de Noblac*, etc.)

(2) La châtellenie d'Eymoutiers avait aussi de grands revenus; elle comprenait : le mas d'Albuneau, les terres d'Allayrie, le mas Bernard, le mas de Beyroudeix, le mas de Betet, le mas de Boni, le mas du Haut-Born, le mas de Chantagreu, le mas de Vérinas, la combe d'Aymeric, le mas de Farsac, le mas de Fermigier, la forteresse de l'Église, Le Château, le mas de Goelas, le mas du Lac, le mas de La Chassaigne, le mas de La Guntiéra, la borderie de La Saline, le mas de La Rue, le mas de Malosas, le mas de Moret, la tenue de L'Ombre, le mas de Puy-Bernard, le prieuré de Neuvic, la paroisse de Saint-Pierre-Château, la borderie de La Sanguine, le mas de Vieille-Ville, le mas de Villaray, le mas de Ville, le mas de Villevaley, sans compter les bois, étangs, jardins, maisons, prés, moulins et péages. (*Terrier de la châtellenie d'Eymoutiers*, ibid.)

Comme tel, il tenait dans son vasselage un grand nombre des plus puissantes familles du pays : les de Ventadour, les de Turenne, les de Rochechouart, les de Comborn, les de Donzenac, les de Château-Morand, les de Coux, les de Noblac, les de Pierre-Buffière, les de Cromières, les de Royères, les d'Arfeuille, les de Razès, les de Beynac, les de Montbron, les de Sainte-Fortunade, les de Lastours, les de La Bachellerie, les du Palland, les de Corbières, les de Salaignac, etc., etc. (1).

Les revenus de ces divers fiefs n'étaient pas toujours très-considérables; mais d'autres fois ils l'étaient beaucoup. Si quelques vassaux, comme le prieur de L'Artige, pouvaient payer leur redevance avec une obole d'or à chaque changement d'évêque, d'autres, et c'était le plus grand nombre, payaient par année un certain nombre d'émines de blé ou des poignées de beaux réaux (*regalia*), souvent fort péniblement amassés. Or, si l'on calcule quelle immense étendue de terrain embras-saient ces puissantes seigneuries, on ne s'étonnera pas que, comme prince temporel, l'évêque de Limoges fût un des plus riches barons de France.

La souveraineté ecclésiastique n'était ni moins importante ni moins fructueuse. L'étendue du diocèse comprenait les départe-ments actuels de la Corrèze, de la Creuse et de la Haute-Vienne, c'est-à-dire toute l'ancienne province romaine dont *Augustoritum* était la capitale; car ce ne fut que sous l'évêque Gérald Roger, successeur de Raynaud, que le souverain pontife Jean XXII crut devoir en distraire une partie pour former l'évêché de Tulle, par cette raison, disait-il, que, le diocèse de Limoges étant trop étendu, le pasteur ne pouvait remplir tous ses devoirs, connaître toutes ses brebis, ni les secourir facilement. (Texier, *Pouillé*, p. 5.)

La hiérarchie ecclésiastique du diocèse était ainsi composée; savoir : quatre officialités : Limoges. Brive, Guéret, Chéné-railles (Texier, *Pouillé*, p. 6 et 7);

(1) En leur qualité de seigneur, les évêques de Limoges avaient dû souvent prendre les armes : l'un d'eux, Jean de Veyrac, en 1204, fit, avec ses prélats et ses barons, le siége de Saint-Léonard, où s'était retiré un parti d'Anglais; un autre, Sébrand Chabot, un certain jour de Pâques 1180, avait, à la tête de ses troupes, mis en fuite six cents Brabançons; enfin Aymeric de La Serre, avant-dernier prédécesseur de Raynaud, avait eu toutes les peines du monde à se dispenser de suivre le roi de France à la guerre.

Six archidiaconnés : La Marche ou Saint-Junien, Bénévent, Combrailles, Meymac, Malemo.ʒ, Nontron, auxquels Raynaud ajouta Aubusson en 1300 (Texi⌐ ; *Pouillé*, p. 6 et 7);

Quatorze chapitres de chanoines : Saint-Étienne de Limoges; Saint-Yrieix, dont les chanoines gouvernaient la ville; Brive, Aubusson, Uzerche, Eymoutiers, Saint-Léonard, Le Dorat, Saint-Junien, La Chapelle-Taillefer, Évaux, Roseille, Saint-Germain, Noailles;

Plusieurs archiprêtrés, dont je n'ai pu, malgré l'extrême obligeance de M. Maurice Ardant, établir quel était le nombre exact au XIVᵉ siècle, reliaient entre elles près de trois cents paroisses, dont la moitié au moins était à la nomination de l'évêque, et le reste à celle des seigneurs, des abbés ou du roi, mais toujours avec l'agrément du prélat (1).

---

(1) Les pouillés sans date qui sont aux archives donnent : 19 archi-prêtrés : celui de la Cité de Limoges, avec 19 paroisses; — Combrailles, 74; — Aubusson, 48; — Chirouze, 42; — Saint-Exupéry, 36; — Gimel, 49; — Brivezac, 40; — Brive 33; — Vigeois, 38; — Lubersac, 46; — La Porcherie, 41; — Saint-Paul, 33; — La Meyze, 37; — Nontron, 47; — Saint-Junien, 89; — Rancon, 84; — Bénévent, 76; — Anzelme, 38; — Tulle, 47.

Les paroisses appartenant à l'archiprêtré de Limoges étaient : Saint-Jean-de-la-Cathédrale, Saint-Gérald, Saint-Pierre-du-Queyroix, Saint-Michel-des-Lions, Mont-Jauvi, Saint-Christophe, Sainte-Félicité, Saint-Lazare, Saint-Domnolet, Saint-André, Saint-Maurice, Saint-Cessateur, Isle, Saint-Michel-de-Pistorie, plus les églises abbatiales de Saint-Martial, Saint-Augustin, Saint-Martin et la Règle;

Les paroisses appartenant à l'archiprêtré de Combrailles étaient : Chénérailles, Ahun, Évaux, Chambon, Jarnages, Bonlieu, Auzances, Lupersac, Saint-Hilaire, Ars, Saint-Médard, Mandon, Saint-Pardoux, Cressat, Saint-Caprais, Pierrefitte, Marsio, Saint-Julien-la-Genêtouse, Compas, Saint-Priest, Sannat, Champreygnac, Saint-Yrieix-les-Bois, Sommières, château d'Ahun, Fransèches, Rochette, Parsac, Domérot, Toul, Saint-Silvain, Champneix, Boussac-les-Églises, Saint-Pierre-le-Bon, Reterre, Bellefaye, Fontanières, Chatelet, Saint-Pardoux, Bussière-Nouvelle, de Serre, Arfeuille, Tarde, Saint-Loup, Peyrat, Saint-Domnolet, Roygnac-sous-Main, Saint-Martin de Chambon, Bort, Trois-Fonts, Gouhonsac, Auge, Vernage, Viersac, Combrailles, Lépaud, Saint-Saturnin, Chapelle-sous-Lépaud, Couchet, Sermur, La Tranche, Mazières, Lussac, Jayac, Saint-Julien, Bellaroit, Vigeville, Saint-Dizier, La Tour-Saint-Austrielle, Padaulx, Petrosis, Nouhant, château de Boussac.

Celles de l'archiprêtré d'Aubusson étaient : Aubusson, Felletin, Peyrat, Neoulx, Chauchette, Saint-Sylvain, Saint-Ruit, Saint-Pardoux, Saint-

Enfin, chose étrange, et qui vérifie bien le nom de terre des saints donné à cette province, les différents ordres de Grand-Mont, de Saint-Augustin, de Saint-Benoit, de Cîteaux, des

Maurice, Gioux, Saint-Martial, Saint-Marc, Saint-Yrieix, Saint-Maixent, Rouzeille, Saint-Frigeon, Saint-Symphorien, Boisroger, Poussanges, Beaumont, Moutier, Mont-Aubusson, Alleyrat, La Borne, Saint-Michel-de-Vesse, Saint-Alpinien, Chavanat, Saint-Georges, Cairavaux, Vallière, Saint-Martin, Saint-Quentin, Royère, Beaubiac, Banize, Saint-Sulpice, Saint-Avit, Blessac, Saint-Séverin, Compeix, Saint-Pierre-la-Nonaille, Chassaing, Saint-Julien, Dongne, Saint-Amand, Saint-Maureil, Celle.

Celles de l'archiprêtré de Chirouze étaient : Eymoutiers, Pierre-Lévade, Ramnac, Tarnat, Saint-Méard, Saint-Germain-le-Voultz, Saint-Remy, Saint-Denys, Saint-Aignan, Ayat, Eygurande, Coffi, Saint-Pardoux-le-Vieux, Ay, Saint-Sétier, Saint-Pierre-Château, Bussy, Saint-Gilles, Forêt-Chabrouty, Nedde, Millevaches, Saint-Sulpice, Saint-Oradour, La Daigne, Saint-Pierre-d'Alleyrat, Ventageole, Limarey, Chauveroche, Vaysse, Beyssac, Vigeyrole, Sérigourt, Roche, Feyte, Merlines, Siournat, Magnac, Mezière, La Tourette, Faulx, Villedieu.

Celles de l'archiprêtré de Saint-Exupéry étaient : Ussel, Meymac, Neuvic, Saint-Angel, Bort, Pont-Dieu, Saint-Frigeon, Saint-Bonnet, Sanon, Saint-Julien, Margeride, La Roche, Sainte-Marie, Vailhergue, Serandon, La Tronche, La Mazière, Saint-Germain, Pérols, Bugeat, Saint-Victour, Saint-Étienne, Chirac, Veyrières, Saint-Martin, Mossertier, Villefer, Leginhac, Saint-Angel, Neuvic, Foursac, Saint-Pantaléon, Saint-Hilaire, Palisses, Ambrugeac.

Celles de l'archiprêtré de Gimel étaient : Albunac, Saint-Chamant, Saint-Bonnet, Chavanac, Caunac, Espagnac, Ladignac, Lagarde, Saint-Paul, Saint-Silvain, Forzès, Saint-Pardoux-le-Pauvre, Beaupuy, Entraigues, Saint-Bandille, Paudrignac, Marc-la-Tour, Aquinia, Laroche, Égleton, Mavullac, Saint-Médard, Rosiers, Gimel, Bonneval, Coudert, Moussac, Sardent, Clerjoux, Vitrat-Sartans, Saint-Eyren, Saint-Martial, Saint-Martin, Champagnac, Bonnesagne, Agumont, Saint-Hippolyte, La Place, Saint-Hilaire, Darnet, Savignac, Faux, Soudeilles, Combressol, Ventadour, Laval, Saint-Yrieix, Faye-Vidrenne.

Celles de l'archiprêtré de Brivezac étaient : Beaulieu, Monceau, Neuville, Saint-Hilaire, Chenailles, Losianges, Puy-d'Arnac, Vigère, Saint-Genès, Marcillac, Braneilles, Maumont, Saint-Julien, Artaillac, Liourdres, Tudeils, Albeillac, Sionnat, Brivezac, Quessac, Antillac, Chapelle-aux-Saints, Saint-Cyr, Argentat, Haute-Faye, Saint-Privat, Darazat, Bassignac-le-Haut, Bassignac-le-Bas, Saint-Julien-aux-Bois, Serches, Saint-Bonnet, Campe, Belpeuch, Leubagel, Mercour, Reygades, Auriac, Reilhac, Gaules.

Celles de l'archiprêtré de Brive étaient : Brive, Turenne, Noailles, Damnac, Serrières, Chahtiers, Estivaux, Ligneyrat, Noaillat, Reynac, Cornil, Saint-Germain, Saint-Hilaire, Cosnac, Saint-Sornin, Larche, Cosages, Lissac, Séreilhac, Saint-Antin, Solières, Nespoux, Sailhac,

Chartreux, des Dominicains ou Jacobins, des Franciscains ou Cordeliers, de Fontevrault, du Temple, de Malte, de Sainte-

Chaufour, Colonges, Liglegrolles, Albignac, Lanteuil, Sainte-Ferréole, Meyssac, Obazine, Chameyrat, Sainte-Fortunade.

Celles de l'archiprêtré de Vigeois étaient : Uzerche, Alonzac, Saint-Sornin, Beynat, Saint-Pardoux, Saint-Martin, Eyburie, Espartignac, Pierrefitte, Saint-Gérald, Lagrolière, Chamboulive, Peyrissac, Effieu, Choumeils, Meyrignac, Saint-Maixent, Sadroc, Donzenac, Allassac, Estivaux, Dorgnac, Boutezac, Saint-Ybard, Salon, Condat, Saint-Salvadour, Baumont, Lortringuer, Madrangeix, Fraisseix, Agudon, Vigeois, Corbière, Haute-Faye, Troche, Perpezac, Ussac.

Celles de l'archiprêtré de Lubersac étaient : Lubersac, Ayen, Pompadour, Bonneval, Varez, Saint-Pantaléon, Mansat, Mandon, Saint-Aulaire, Loignac, Tulhau, Boisseil, Salaignat, Génie, Saint-Mesmin, Conusse, Buyssonat, Vinzat, Saint-Éloi, Saint-Julien, Coussac, Segonzac, Saint-Vincent, Saint-Sylvain, Montagu, Objat, Juillac, Vignolles, Vaissette, Cublac, Brignac, Vars, Savignac, Saint-Cyprien, Saint-Bonnet, Las Coulx, Arignan, Chabrignat, Glandon, Rosiers, Arnac, Cousours, Saint-Priest, Chapelle-Saint-Laurent, Cuchat, Bonnefont.

Celles de l'archiprêtré de La Porcherie étaient : Treignac, Saint-Germain, Thoy, Saint-Vic, Église-au-Bosc, Meuzac, Benaye, Meilhars, Rilhac, Murat, La Croizille, Saint-Méard, Glanges, Saint-Genés, Boisseuil, Aubesagne, La Faye, Soudènes, Veys, Saint-Hilaire-les-Courbes, Chamberet, Masgontière, Montreys, Montgibault, La Mongerie, Surzan, Mauzanes, Lestour, Pradines, Bonnefont, Viam, Grandsagne, La Celle, Saint-Hilaire-Bonneval, La Forest, Clidat, Florentit, La Vinadière, Pouriéras, Cluzeau et Pont-Choulet.

Celles de l'archiprêtré de Saint-Paul étaient : Saint-Léonard, Saint-Paul, Sainte-Marie, Neuvic, Saint-Bonnet, Saint-Michel-de-Noblac, Pont-Saint-Léonard, Eybouleuf, Champneteri, Bujaleuf, La Chapelle-Saint-Léonard, Aigueperse, Linards, Chamaing, Saint-Étienne, Aureil, Geneytouse, Eyjaux, Panazol, Royère, Saint-Denys, Saint-Just, L'Artige, Fondadouze, Feytiat, Rosiers, Sussac, Videix, Domps, Bussi, Villevaleix, Saint-Priest, Les Allois, Charrière.

Celles de l'archiprêtré de La Meize étaient : Saint-Yrieix, Solignac, Pierre-Buffière, La Meize, Saint-Jean-Ligoure, Saint-Priest-Ligoure, Saint-Maurice, Jourgnac, Meilhac, Royère, Nexon, Saint-Martin, Texon, Lavignac, Flavignac, Le Vigen, Artou, Faye, Sainte-Catherine, La Chapelle, La Rochette, Le Chalard, Rilhac-Lastours, Beynac, Courbefy, Saint-Nicolas, Ladignac, Pleinemèze, Janaillac, Condat, Chervix, Château-Chervix, Tarn, Freyssinet, Burgnac, La Croix, Saint-Laurent.

Celles de l'archiprêtré de Nontron étaient : Nontron, Chalus, Oradour, Lageyrat, Pageas, Champsac, Montbrandeix, Pensol, Maravac, Objat, Auginac, Nontronneau, Lussac, Haute-Faye, Saverliat, Varagnes, Saint-Martin, Teyjat, Lourdeix, Saint-Étienne, Busserolle. Saint-Mathieu, Maisonnais, Saint-Basile, Lussac, Saint-Laurent-de-Gorre, Salles, Savignac, Saint-Barthélemy, La Sablonoure, Chéronnat, La Vertissou, Atavaux, Dournazac, Montbrun, Choumeille, Gorre, Champagnac,

Claire, etc., avaient trouvé moyen de fonder dans le pays plus de cent soixante abbayes, la plupart immensément riches.

Comme chef de l'autorité spirituelle, l'évêque recevait des

Bussière-Galand, Boubon, Chapelle-Saint-Robert, Bussière-Badil, Estouars, Soudat, Moutier-Ferrier, Séreilhac, Saint-Pantaléon.

Celles de l'archiprêtré de Saint-Junien étaient : Saint-Junien, Bellac, Confolens, Chabanais, Lesterpt, Brigueil, Saint-Priest, Sainte-Marie, Cognac, Saint-Auvent, Saint-Gervais, Videix, Saint-Quentin, Chassenon, Rozède, Lindois, Mouron, Lézignac, Roumazière, Laplaud, Saint-Maurice, Étagnac, Chirat, Massignac, Esse, Oradour-Fance, Blanzac, Cieux, Morterol, Mortemart, Saint-Victurnien, Saint-Genis, Nueil, Veyrac, Biennat, Saint-Circ, Javerdat, Monterollet, Chaillac, Bretagne, Roussine, Saint-Martial, Saint-Sornin, Saint-Bonnet, Saint-Ouen, Peyrat, Berneuil, Mézières, Excideuil, Lobert, Chabrat, Saugeon, Lezignac, Azat, Asnières, Pont-Saint-Martin, Saint-Christophe, Saint-Brice, Saint-Sébastien, Oradour, Chamboret, Nouic, Bussière-Boffi, Rochechouart, Saint-Germain, Vernollet, Sauvagnac, Granor, Seuris, Genouillac, Chastenet, Pérusse, Manot, La Croix, Vaulry, Verneuil, Couzeix, Valjoubert, Saint-Jouvent, La Chapelle-Blanche, Blond, Saint-Martin, Peyrilhac, Nantiat, Beaubreuil, Nouzille, Saint-Antoine, Le Theil.

Celles de l'archiprêtré de Rancon étaient : Le Dorat, La Souterraine, Magnac, Château-Ponsat, Bessines, Châtelat, Rilhac, Saint-Silvestre, Rancon, Ville-Favard, Droux, Saint-Sornin, Mareilles, Vercilhac, Saint-Maurice, Fromental, Monismes, Oradour, Crômac, Jouac, Lussac, Saint-Pierre, Nots, Bridiers, Angelard, Bonnat, Colonge, La Drouille-Blanche, Manimolet, Chancouteau, Brigueil, Tersannes, La Bazeuge, Dinsac, Dompierre, Saint-Léger, Saint-Germain, Compreignac, Noussac, Touron, Roussac, Ozat, La Bregère, Saint-Sulpice, Aix, Balledent, Bersat, Courrières, La Garde, Beaune, Saint-Symphorien, Saint-Pierre, Saint-Léger, Razès, Saint-Michel-Laurière, Usurat, La Mazelle, Menussac, Chasseneuil, Saigne, Montaigu, Le Dognon, Saint-Pardoux, Voulon, Chier, Cluzeau, Moutiers, Tilhes, Saint-Sulpice, Chezeau, Nailhac, Arnac, Bonneuil, Verneuil, Saint-Tyrse, Saint-Nicolas, Saint-Priest, Versillac, Saint-Léger, Saint-Étienne, Folles, Montroger, Saint-Georges, Saint-Hilaire-la-Treille.

Celles de l'archiprêtré de Bénévent étaient : Bénévent, Bourganeuf, Saint-Vaulry, Saint-Sulpice, Saint-Martin-Terressus, La Jonchère, Billanges, Jabreilhac, Saint-Christophe, Saint-Sulpice, Saint-Pardoux-Lavau, Malvaleize, Châtelus, Montroux, Marsat, Colondamnes, Saint-Léger, Saint-Sylvain, Saint-Pierre, Saint-Éloi, Auzences, Chamborand, Saint-Yrieix-la-Plaine, Saint-Dizier, Azat, Janailhac, Murat, Chamroi, Augières, La Forest, Leyroux, Saint-Priest-les-Oulières, Saint-Goussaud, Salaignac, Ambazac, Soubrebost, Les Églises, Mérignac, Mensat, Saint-Martin, Sainte-Berthe, Villars, Bussière-Dunoise, Naillac, Saignat, Lafat, Retois, Maisonfeine, Saint-Victor, Gartempe, La Chapelle-Taillefer, Tourion, Sardent, La Chapelle-Saint-Martial, Vidaillac, La Marielle, Chastenet, Moissannes, Gallemache, Sauviat, Aigue-Perse, chapitres, des prieurs, des curés, des prévôts, et souvent des abbés et des abbesses(1), des redevances assez fortes, dîmes, procurations, conventions, qui, multipliées par une armée de tributaires, réunissait chaque année entre ses mains un véritable

Saint-Georges, Saint-Hilaire, Auriat, Saint-Amand, Magnac, Chavaignac, Sainte-Marie, Vency, Vaulx, La Roure.

Celles de l'archiprêtré d'Anzême étaient : Guéret, Saint-Sulpice, Celle-Dunoise, Méane, Oradour, Saint-Fiel, Saint-Symphorien, Ajain, Fresselines, Nouzerolles, Morterolles, Moutier — Malcare, Tercillat, Bussière, Mas-Saint-Paul, Betète, Roziers, Saint-Dizier, Janailhac, Limon, Hen, Nosiers, Anzême, Saililhac, Chambon, La Roche-Malaise, La Sellette, Maleveix, Bonnat, Champniers, Châtelus, Clugnac, Ladapeyre, Jalèches, Champsanglard, Glenic, Pionnat, Saint-Laurent.

Celles de l'archiprêtré de Tulle étaient : Orliac, Saint-Clément, Bar, Les Plats-Chanteix, Naves, Les Angles, Chanat, Favard, Saint-Bonnet, Chameyrat, Ladignac, Épagnac, La Guène, Pendrigne, Saint-Paul, Marque-Latour, Le Chastan, La Garde, Saint-Sylvain, Saint-Bauvire, Forgès, Saint-Pardoux, Albussac, Saint-Chamans, Saint-Martial, Argentat, La Chapelle, Bassignac, Reygades, Camp, Saint-Julien, Saint-Mathurin, Goules, Sexcles, Saint-Genis, Saint-Cirq, Servières, Clerry, Saint-Privat, Saint-Julien-aux-Bois, Rilhac, Darazac, Bassignac-le-Haut, Auriac, Valette.

(1) Voici la liste à peu près complète des monastères existants en Limousin en 1300 :

ORDRE DE SAINT-AUGUSTIN. — Limoges, L'Artige, Bénévent, Lesterpt, Vènes, Vaulx, Chamcontaud, La Mazelle, Marrimoulet, Menussac, Darnetz, Montlarron, Auren, Claire-Faye, Bonnefont, La Gorce, L'Artigette, La Saulière, Chantegreu, Royrette, Fondadouze, Maradene.

ORDRE DE SAINT-BENOIT. — *Hommes :* Saint-Augustin de Limoges, Solignac, Beaulieu, Meymac, Saint-Martial, Vigeois, Uzerche, Rozeilles, Guéret, La Drouille-Noire, Uzurat, Lourdeix, La Montgie, Mont-Calm. — *Femmes :* Les Allois, La Règle, Le Dorat, Bonnesaigne, Brignac, Bussière-Boffi, Chamboret, Champagnac, Le Chalard, Chièze, Cluzeau, Saint-Domnolet, Eyren, Montjarjan, Mongerie, Nouic, Plantadis, Savignac, Seilhac, Soubrevas, Surdoux, Tollet, Vars, Voulon, Menoire, Combresol, Moussac, Peschadoire, Villevaleix, Couveilles, La Ribière, La Griffoulière, La Boulonie, La Ronze, Valeix.

ORDRE DE CITEAUX. — Obasine, Saint-Martin-lez-Limoges, Pré-Benoît, Notre-Dame du Palais, Dalon, La Colombe, Bonlieu, Bonnesaigne, Bueil, Aube-Pierre, Charroux, Tulle, La Valette.

ORDRE DE GRANDMONT. — Grand-Mont, Le Chatenet, Bronzeau, Rosset, Étricor, Sermur, L'Escluse, Épaigne, Trézen, Bonneval-de-Montuclar, Boisvert, Prourières, Le Cluzeau, Plagne, Malegorce, Chargnac, Puygibert, Balazis, Muret, Lobert, Jayac, Badix, Bonneval-de-Serre, Aubepierre, La Drouille-Blanche.

ORDRE DU TEMPLE. — Blandeix, *Podium-Nucis*, La Forest, Champens, trésor, provision du pauvre dans les années de disette, si fréquentes au moyen âge.

Aussitôt que, d'une main ferme, il eut pris la crosse d'un des plus grands évêchés qu'il y eût en France, Raynaud commença à déployer son zèle pour le maintien des bonnes mœurs et la gloire de Dieu.

Son premier soin fut de rassembler un synode (1297). Il y confirma les ordonnances de ses prédécesseurs, et fit des statuts dont Baluze avait une copie, qui probablement s'est perdue. (Nadaud, *mss. du gr.-sém. de Limoges.*) On y lisait, entre autres choses, la ratification de tout ce qui avait été résolu par Gilbert de Malemort sur la fête de saint Étienne, fondateur de l'ordre de Grand-Mont. Il décréta qu'elle serait célébrée dans tout son diocèse le 8 février, et que, en considération des aumônes que les habitants des villages et paroisses d'Ambazac, Saint-Sylvestre et Saint-Léger recevaient journellement du monastère de Grand-Mont, le clergé et le peuple de ces paroisses chômeraient la fête. (P. Bonaventure, *Annales lim.*)

Depuis la déchéance de la ville d'Évaux, dont on ne fréquentait plus les thermes, les reliques de saint Marcien, patron de cette église et ancien solitaire de la contrée, étaient mal entretenues : il s'empressa de les relever du lieu où elles étaient (1300), et les logea dans une belle châsse d'argent, qu'il fit faire à ses frais, afin qu'on pût les exposer sans indécence à la vénération des fidèles. (Collin, *Vies des Saints du Limousin.*)

La même année (1300), il chargea deux chanoines, Guillaume Laubat et Jean de Solo, de faire une recherche exacte des usuriers qui rançonnaient la ville de Limoges, « dans l'espoir, dit

Pogia, Belle-Chassaigne, Bussière-Raspit, Paulhac, Font-Lozentor, Maison-Dieu-de-Lobers, Combarel, Ayen, Le Palais, Limoges.

ORDRE DE MALTE. — Champeaux, Chiroux, Charrières, La Croix-au-Bosc, Vieux-Bosc-de-Droux, Feniers, Hern, La Vaufranche, Maisonnisses, Malleret, Maschet, Morterolles, Habeyro, Palisses, Plantadis, La Vinadière, Vivier, Aubusson.

ORDRE DES DOMINICAINS. — Limoges, Saint-Junien.

ORDRE DES FRANCISCAINS. — Limoges, Brive, Donzenac, Saint-Junien.

ORDRE DES CHARTREUX. — Glandiers.

ORDRE DE FONTEVRAULT. — Puy-Saint-Jean, Pontchaulet, Blessac, Fougères, Viger-le-Teucq, Arfeuille, Font-Fène, Parsac, Villandri, Combas, Bournet, Vacqueur, Banassac. Savènes, Boubon.

ORDRE DE SAINTE-CLAIRE. — Brive.

le P. Bonaventure, de détruire entièrement cette engeance d'enfer ».

Le 5 des calendes de novembre, il approuva les statuts du chapitre de Notre-Dame-des-Allois, qui, voyant que les revenus de la communauté ne suffisaient pas pour entretenir les postulantes, dont le nombre augmentait sans cesse, décida qu'à l'avenir on ne recevrait plus dans ce couvent de religieuses sans dot. (Roy-Pierrefitte, *Les Monastères du Limousin*.)

L'année 1301 fut remarquable par un changement dans l'époque où les nouvelles années devaient commencer. Nicolas Fabri, chancelier et garde des sceaux de la cour de Limoges, changea la date de ses contrats, qui faisait commencer l'année au jour de Pâques dans le diocèse, et ordonna qu'elle commencerait dorénavant à l'Annonciation de la Vierge, qui échoit le 25 de mars. Cette réforme existait déjà, depuis quelques années, dans le reste de la France. On sait que ce ne fut que plus tard que le mois de janvier fut choisi pour le commencement de l'année civile.

La même année 1301, Guy, frère de l'évêque, croyant avoir à se plaindre du duc de Bretagne, pour avoir négligé, comme vicomte de Limoges, de venir le féliciter de sa nomination, et lui rendre l'hommage convenu par l'accord de 1291, fit saisir le Château et sa justice, comme avait fait Pierre de Saint-Vaulry, un de ses prédécesseurs, et partit pour Paris dans l'espérance d'intéresser le roi en sa faveur. On ignore s'il s'enfourna dans la querelle du pape Boniface VIII et du roi de France, qui était très-vive en ce temps; mais le souverain pontife le déposa de sa charge, et en pourvut Gaillard de Miraumont. Je reviendrai tout à l'heure sur cette grande question des démêlés du sacerdoce et de l'empire, à laquelle notre évêque prit lui aussi une part active, mais dans le sens opposé.

En 1302, Raynaud fut si sensiblement touché du peu de revenus du chapitre de Saint-Étienne, accablé de dettes, et composé d'une multitude de chanoines, que, pour les soulager, il leur donna l'église de Juillac en Bas-Limousin, avec le droit de présentation. (Nadaud, *loco cit.*)

La même année, de concert entre l'évêque et le prévôt de Saint-Junien, il fut décidé qu'on y tiendrait registre de tous les évènements relatifs à la communauté depuis sa fondation. Étienne Maleu, jeune chanoine de cette église, fut chargé de cette chronique, et la termina en quatorze ans.

En 1305, l'évêque se vit forcé d'excommunier les bourgeois de

Saint-Junien, qui, après s'être montrés pleins de joie de l'établissement des frères Prêcheurs dans leur ville, avaient ensuite excité contre eux une émeute, abattu la toiture de leur église, et brisé leurs vitraux. Ce ne fut que cinq ans plus tard qu'il put, au milieu d'un grand concours de peuple, rétablir solennellement ce monastère, dans la maison que Pierre Virolle leur avait donnée. (Maleu, *Chronique imprimée.*)

Le 23 avril de la même année (1305), jour de la fête de saint Georges, le pape Clément V, nouvellement élu, allant de Lyon à Bordeaux, passa par Limoges. Il fut reçu dans le couvent des Jacobins. « On fit extraordinairement en sa faveur, dit M. Maurice Ardant, une ostension solennelle du chef de saint Martial, placé récemment dans une châsse neuve. Le pontife prit entre ses bras la sainte relique, l'y tint long-temps avec respect, et, les larmes aux yeux, la baisa à plusieurs reprises. Il était accompagné de sa cour et de sept cardinaux, ainsi que d1 roi de Majorque, Jacques, qui était venu à Limoges pour l'entretenir. (M. Maurice Ardant, *Des Ostensions.*) Le dimanche suivant, le saint-père se rendit à Solignac, où le doyen et le chapitre de Saint-Junien, l'abbaye de Lesterpt, celle de Solignac, le prieur d'Aureil, celui du Glandier et celui de L'Artige se cotisèrent pour fournir aux frais de sa réception. L'Église de Saint-Junien fut tellement grevée de cette dépense que le doyen et le chapitre se virent forcés, pour la couvrir, d'aliéner à un nommé Pierre Gonella, clerc marié, les fruits d'une grosse prébende en vin, blé et deniers pendant tout le temps qu'il vivrait. (Maleu, *Chronique imprimée.*) Le pape ensuite passa plusieurs jours à Grand-Mont, dont il adoucit la règle. (P. Bonaventure, *loco cit.*)

J'ai vainement cherché à me rendre compte des relations qui s'établirent durant cette visite entre Raynaud de La Porte et le pontife qui devait bientôt lui confier une mission si délicate dans l'affaire des Templiers. L'évêque de Limoges était connu pour son attachement à Boniface VIII. Bertrand de Goth, ancien ennemi du roi, venait, disait-on, de se réconcilier avec lui pour obtenir l'échange de son évêché de Bordeaux contre la tiare pontificale : un peu de froid dut se mêler à cette entrevue. Il est à croire que le pape ne devint l'ami de l'évêque que lorsque les circonstances l'eurent mis en demeure de lui faire connaître nettement sa pensée.

L'année suivante, il se passa un fait assez remarquable au

point de vue de l'administration temporelle du diocèse. En parlant de l'étendue de la suzeraineté épiscopale et de celle de l'abbé de Saint-Martial, j'ai donné à entendre que plusieurs autres centres importants de population étaient soumis à une juridiction ecclésiastique : ainsi Tulle, Saint-Yrieix, Saint-Léonard, Brive, Guéret, par exemple, étaient gouvernés par des chanoines ou des abbés. A la suite de l'édit royal de 1306 , les chanoines de Saint-Yrieix associèrent Philippe le Bel à la justice haute et basse de Saint-Yrieix. Un juge, des sergents, un sceau et un contre-sceau communs furent établis. Les arbitres furent Gérald de Solo, chanoine de Saint-Yrieix, et Guillaume de Nogaret, chevalier. (*Ordonn. des rois de France*, vol. VI. — *Limousin historique*, p. 235.) Presque en même temps, un autre partage fut signé à Pontoise entre l'évêque et le roi pour la justice de la cité de Limoges; mais, en revanche, une pareille convention fut établie pour celle de Saint-Léonard, avec pacte exprès que, si l'évêque n'y avait pas de droits précédemment, le roi l'associait pour moitié à icelle. Les ecclésiastiques de la ville, dit le P. Bonaventure, ravis d'avoir le roi de France pour seigneur et justicier, firent une dévote procession pour en rendre actions de grâce à Dieu; mais il n'en fut pas de même des bourgeois. (Bonaventure, *loco cit.*)

MM. de Sainte-Marthe assurent que, en cette année 1307, Jean de Bretagne, devenu vicomte de Limoges par la mort de son père, fit hommage et jura fidélité à l'abbé Gaillard de Miraumont pour le Château, la châtellenie et monnaie de Limoges, donnant ainsi raison aux prétentions qui avaient causé la disgrâce du pauvre abbé Guy de La Porte.

L'année 1308 vit retomber entre les mains du roi d'Angleterre les provinces d'Aquitaine, qui avaient été momentanément déliées de leurs serments envers la maison de Plantagenet par sa rébellion contre son suzerain de France. Le prince de Galles ayant épousé Isabelle, fille de Philippe le Bel, reçut avec elle en dot son ancien apanage. Les bourgeois de Limoges, plutôt animés en cette circonstance d'un esprit hostile aux vicomtes et aux abbés de Saint-Martial que de sentiments bien patriotiques, s'empressèrent de députer à Londres Simon Boyol, l'un des leurs, pour obtenir confirmation des priviléges et coutumes anciennes. (P. Bonaventure, *loco cit.*)

Les deux années qui suivirent furent entièrement occupées des procès des Templiers : j'y reviendrai tout à l'heure. Enfin, rentré

dans son diocèse le 10 novembre 1310, le cœur abreuvé d'amertume, et l'esprit obscurci par toutes les infamies politiques qui
venaient de lui passer sous les yeux, Raynaud, déterminé à ne
plus s'occuper que de la sanctification de son âme et des bonnes
mœurs de son clergé, rassembla un deuxième synode de ses
prêtres, et y data des statuts dont Nadaud avait vu à la Biblio-
thèque royale, n° 5223, *une copie en caractères du xve siècle
dans un fort mauvais état de conservation. Il y est parlé de la
réforme faite par lui de quantité d'officiers de sa juridiction, vils
et ignorants. Il déclare s'opposer à ce que son official et son chancelier en nomment désormais sans son autorisation, et lance
l'excommunication contre les ravisseurs publics des biens et des
personnes ecclésiastiques, conduite aussi courageuse qu'imprudente à une époque où l'on était en train de remplir les coffres
du roi avec l'argent ¦des Templiers. Il enveloppe dans la même
peine ceux qui connaîtront des mariages illicitement contractés,
et ne les dénonceront pas. Il se plaint des mariages clandestins
des nobles; donne ordre aux religieux des diverses observances
de manger au même réfectoire, coucher au dortoir, et porter des
habits convenables à leur profession; interdit à tous bénéficiers,
sous peine de privation de leurs bénéfices, de garder chez eux
des femmes suspectes; défend aux prêtres de jouer aux dés et
de tenir cabaret sous peine d'une punition sévère, d'absoudre les
excommuniés hors le cas de mort imminente, et de leur donner
la sépulture ecclésiastique sans une permission particulière.
(Nadaud, *mss. du gr.-sém.*)

Raynaud fit ensuite son testament entre les mains de Guillaume
de La Tour, dit Baluze, et se prépara à la mort. On se demande
quel motif puissant pouvait porter à une pareille détermination
un prélat à peine âgé de cinquante ans. Peut-être redoutait-il
quelqu'une de ces haines que le double procès de Boniface VIII
et des Templiers avait dû lui susciter; peut-être un motif plus
simple, une maladie par exemple, mit-elle pour quelque temps
ses jours en danger.

Quoi qu'il en soit, ni son caractère ni son zèle n'en furent
altérés. On se plaît à voir que dans la pluie de récompenses dont
Philippe le Bel, d'une part, et Clément V, de l'autre, inondè-
rent leurs créatures, pas un mot ne fut prononcé en faveur de
notre héros ni contre lui. De pareils résultats pour l'homme qui
avait pris une part si active à ces fameuses querelles, montrent
qu'il sut, pendant toute la durée des débats, conserver son indé-

pendance, et, chose rare alors, suivre la ligne droite de l'honneur sans se laisser éblouir ni par promesses ni par menaces.

Tout occupé de l'administration intérieure de son diocèse, en même temps qu'il élevait à Dieu le chœur de la basilique de Saint-Étienne, il relevait le culte des saints, et encourageait ses ouailles aux œuvres de piété. Le 15 des calendes de mars 1315, en présence de plusieurs abbés et religieux, des curés et chanoines de Limoges, du clergé et de la multitude du peuple, il leva de terre le corps du bienheureux Aurélien, qui avait été évêque de Limoges après saint Martial, et le plaça sur un autel dans l'église de Saint-Cessateur, située hors des murs de la cité. (Maleu, *Chron. impr.*) La même année, Étienne Malbot demanda et obtint que la fête de l'Eucharistie fût célébrée chaque année le cinquième jour après l'octave de la Pentecôte. C'est à cette date qu'elle se célèbre encore dans toute l'Église. Enfin, poursuivi par l'idée de sa mort prochaine, Raynaud fit une fondation à Saint-Martial afin que les moines priassent constamment pour lui par les mérites de ce saint. (Bandel, *Dévotion à saint Martial.*)

Mais de nouveaux évènements vinrent bientôt jeter notre évêque dans les affaires publiques. Le signal fut donné par un schisme dans l'ordre de Grand-Mont. Jourdain de Rabasteins, l'un des prieurs, était un homme débauché, qui faisait rougir le vieil honneur monastique. Les neuf définiteurs de l'ordre, s'étant rassemblés chez les Cordeliers de Limoges, le déposèrent, et élurent pour le remplacer un frère nommé Aymar. Mais Rabasteins ne répondit à leur déposition qu'en appelant des troupes armées dans Grand-Mont. Une lutte ouverte s'engagea. En ce temps-là l'Église était sans pape, et la France sans roi. Raynaud voulut en vain interposer son autorité. Les choses durèrent jusqu'à ce que Jean XXII, après son élection, cassa les deux prieurs, et établit un abbé.

D'un autre côté, Louis le Hutin, qui avait recueilli la couronne de Philippe le Bel après sa mort précipitée, avait écouté les bruits qui imputaient à l'évêque de Chalons, Pierre de Latilly, le crime d'empoisonnement sur la personne de l'évêque son prédécesseur et sur celle du feu roi. D'après ses ordres, Pierre de Courtenay, archevêque de Reims et métropolitain de Chalons, fut mis en démeure de faire arrêter l'accusé, et de le traduire en justice. A cet effet, un concile provincial fut convoqué à Reims pour le 6 août 1315. Douze évêques s'y trouvèrent réunis; mais le procès traîna tellement en longueur que, le 15 mai suivant, le jugement n'était pas encore prononcé. C'est alors que, pour en finir, on convoqua vingt-quatre nouveaux prélats, archevêques et évêques, parmi lesquels se trouvait notre Raynaud. Pierre de Latilly s'en alla complète-ment justifié. Dans l'original du jugement ecclésiastique, qui fut prononcé le lundi après la fête de sainte Madeleine 1316, on voyait le sceau de l'évêque de Limoges. Cette pièce, autrefois possédée par M. d'Hérouval, s'est perdue. (Nadaud, *mss. du gr.-sém.*)

Enfin, le 31 décembre 1316, dit Labbe, cet homme excellent et digne de toutes sortes de louanges, fut élevé par le pape Jean XXII sur le siége archiépiscopal de Bourges. (Labbe, *Biblioth. nov.*, T. II.) Il fut le dernier évêque du grand diocèse de Limoges tel qu'il existait depuis les temps anciens. Six mois après son départ, cet évêché fut démembré pour créer celui de Tulle, et agrandir celui de Périgueux.

III.

Jusqu'ici je n'ai montré dans Raynaud de La Porte que le pasteur vigilant et le chef dévoué d'une Église. J'ai cru devoir assembler en un seul groupe tout ce qui, dans cette vie si fé-conde, se rapporte aux devoirs de l'administration diocésaine. Mais l'éloge donné par Labbe à sa mémoire ne me semblera pleinement justifié que lorsque je vous l'aurai montré conservant toujours la même ligne de conduite austère et incorruptible dans les circonstances difficiles et les luttes ardues de la politique où il se trouva mêlé.

Un des évènements les plus marquants de ce siècle est sans contredit le différend de Boniface VIII et de Philippe le Bel, dernier effort de cette puissante lutte du sacerdoce et de l'empire où Grégoire VII, Innocent III et tant d'autres puissants génies se brisèrent en défendant la plus gigantesque des grandes utopies politiques. C'est cet évènement dont le vieux poète Dante dit en son *Purgatoire* : « Voici qui efface le mal fait et à faire. Je vois entrer dans Auagne (*Anagny*) le fleurdelisé; je vois le Christ captif en son vicaire; je le vois moqué une seconde fois, et mis à mort entre deux brigands ! »

En 1296, Philippe, monté sur le trône de France depuis

dix ans seulement, et à peine âgé de vingt-six, commençait déjà à montrer, sous une belle et froide figure, le caractère avide, absolu, sceptique et fourbe qui a fait de lui le précurseur de Louis XI.

Il avait commencé son règne par confisquer au profit du trésor l'impôt voté par le clergé, pour tenter contre les Turcs triomphants une suprême croisade qui n'aboutit à rien. Il avait chassé les juifs en gardant leurs biens, après avoir, en manière de bon chrétien, fait brûler leurs livres par charretées. Il avait rançonné les Lombards, qui rançonnaient la France, et qui étaient comme une variété de l'espèce juive. Il avait le premier essayé de ce triste moyen de richesses, le plus funeste de tous pour un souverain, qui consiste dans l'altération des monnaies. Enfin il créa l'impôt universel de la Maltote, dernier subterfuge par lequel, s'il restait encore quelque moelle dans les os du peuple, on la pouvait sucer. Cette taille malheureuse atteignait le clergé. Le clergé, jusque là accoutumé à ne pas payer d'impôt, se regimba. Le pape prit fait et cause pour les siens.

Aussi bien ce n'était pas un caractère endurant et facile que celui du vieux cardinal Benoît Caetano, ancien chanoine de Paris, ancien diplomate, ancien avocat et notaire apostolique, et maintenant serviteur des serviteurs de Dieu, mais couronné de la triple couronne. Depuis peu, monté sur le trône romain à la place du dévot moine Célestin V, qu'il fit enfermer pour l'empêcher de revenir sur son abdication, Boniface VIII avait le génie de Grégoire VII, et, comme lui, il rêvait une monarchie universelle, où toutes les couronnes seraient soumises à l'anneau du Pêcheur : mais le roi Philippe n'était pas homme à partager cet enthousiasme.

Depuis le commencement du nouveau règne, le clergé français avait beaucoup à se plaindre. Le petit-fils de saint Louis avait commencé par exclure les prêtres de l'administration de la justice. « Il a été ordonné, dit le registre du parlement de 1287, par le conseil du seigneur roi, que les ducs, comtes, barons, archevêques et évêques, abbés, chapitres, colléges, gentilshommes et en général tous ceux qui ont en France juridiction temporelle, instituent des laïcs pour prévôts, baillis et officiers de justice, et ne placent aucun clerc dans ces fonctions. » Philippe avait rendu le parlement tout laïque ; il avait pris contre le ensuite grand-inquisiteur le parti des hérétiques en défendant de les enfermer sans sa merci ; il avait enfin frappé d'un droit énorme la vente des terres de main-morte. Tant de griefs avaient comblé le vase.

La lutte s'ouvrit, en 1296, par la bulle *Clericis laicos*. Dans le langage majestueux et abondant qui appartient à la cour de Rome, Boniface, embrassant son ennemi dans une vaste sentence, y déclare excommunié de fait tout prêtre qui paiera, tout laïque qui exigera subvention, prêt ou don quelconque sans l'intervention du saint-siége.

Le roi répondit par deux édits, dont l'un défendait de laisser sortir de France ni or, ni argent, ni joyaux, et l'autre interdisait l'entrée du pays à tout étranger.

Boniface comprit, et sa colère éclata. « Si l'intention de ceux qui ont fait les deux édits, dit-il dans une lettre au roi, a été de les étendre jusqu'aux ecclésiastiques, c'est une entreprise non-seulement imprudente, mais insensée Cette seule prétention, si vous l'avez eue, vous soumet à l'anathème prononcé contre ceux qui violent la liberté de cette sainte Église à laquelle il a été donné de commander et de ne point être commandée. » (Vély, *Hist. de France*, T IV.)

Et, comme pour montrer à son ennemi vers lequel des deux inclinait l'opinion publique, il publia (1300) un jubilé par lequel la rémission des péchés était promise à tous ceux qui, pendant trente jours, viendraient visiter l'Église des saints apôtres. En effet, la foule fut prodigieuse à Rome. Les pèlerins français y arrivèrent par centaines de mille, en sorte que ni les maisons ni les églises ne suffisaient à les loger.

En même temps qu'il lui faisait ainsi sentir combien la puissance morale l'emportait sur la force des armes, le pape députait au roi un de ses ennemis, Bernard de Saisset, évêque de Pamiers, pour lui rappeler son serment d'aller à la croisade. Ce Saisset était déjà désigné au roi comme l'auteur d'un vaste complot qui eût enlevé tout le midi à la France, et fondé un royaume de Languedoc au profit des comtes de Foix. On lui attribuait des plaisanteries piquantes contre Philippe. Le roi le fit poursuivre, prendre et torturer à la barbe de Boniface.

C'était une grave insulte. « Écoute, mon fils, lui répond le vieillard (*Ausculta, fili*), les conseils d'un père tendre : Dieu nous a constitué, quoique indigne, au-dessus des rois et des royaumes, nous imposant le joug de la servitude apostolique pour arracher, détruire, disperser, édifier et planter en son nom. » Après quoi, il récapitule tout les griefs de la cour romaine et de l'Église. En même temps, il adresse une autre missive aux prélats, chapitres et docteurs en théologie de France (*ante promotionem*) pour les informer qu'il n'ignore pas les oppressions dont ils ont à souffrir de la part du roi et de ses officiers, comtes et barons; qu'il s'en est inutilement plaint par lettres, et que maintenant il les convoque pour un concile, et leur ordonne de se trouver près de lui au commencement de novembre. Il enjoint aux archevêques, évêques et docteurs d'y venir en personne, et promet que l'on travaillera pour la conservation de l'honneur de l'Église catholique, pour la liberté d'icelle, pour la réformation du royaume et correction du roi.

Le chancelier Pierre de Flotte, accompagné du jeune Nogaret, se chargea de porter la réponse royale : c'était que Philippe ne lâcherait pas son prisonnier, et que les prélats n'iraient pas à Rome. « D'après le conseil de nos barons, dit l'ordonnance, nous interdisons, par le présent édit, à tous nos sujets, indigènes et autres, de toutes dignités, états, nations et conditions, sauf les marchands étrangers et leurs employés, de sortir des limites de notre royaume sans une permission spéciale émanée de nous, sous peine de punition corporelle et de confiscation de leurs biens au profit de notre fisc. Et sera la présente ordonnance communiquée à tous les pairs, comtes, barons, primats, archevêques, évêques, prélats, abbés, prévôts, etc. »

« Ce fut, dit Michelet, une rude insulte pour le pape, qui triomphait encore de son jubilé, quand ce petit avocat borgne vint lui parler si librement. L'altercation fut violente. Le pape le prit de haut : « Mon pouvoir, dit-il, renferme les deux ». Pierre de Flotte répondit par un amer *distinguo :* « Oui ; mais votre pouvoir est verbal : celui du roi est réel ». Le gascon Nogaret ne put se contenir : il parla avec la violence et l'omnipotence méridionale sur les abus de la cour pontificale, sur la conduite même du pape. Tous deux sortirent de Rome enragés dans leur haine d'avocats contre les prêtres. » (Michelet, *Hist. de France*, T. III.)

Au temps où nous vivons, et avec les idées modernes, cette saisissante doctrine de la théocratie universelle ne nous apparaît que comme le rêve d'une ambition généreuse ; mais il n'en était pas ainsi au moyen âge. La société européenne, encore jeune, n'avait pas eu le temps d'oublier son origine. Elle devait se souvenir que l'Église l'avait, pour ainsi dire, tirée du néant ; qu'elle l'avait élevée comme on fait d'un enfant ; qu'elle lui avait donné des lois ; qu'elle lui avait enseigné les arts et les lettres ; qu'elle avait policé et adouci sa farouche nature : était-il étonnant, en retour, que l'Église se regardât toujours comme sa tutrice, et, s'appuyant sur son infaillibilité, qui vient de Dieu, considérât que, pour gouverner sagement les peuples, pour résister à l'ambition, qui rend l'homme injuste, et à la vengeance, qui le rend cruel, les souverains nés de l'épée avaient besoin des conseils de cette mère inspirée et immortelle ? D'un autre côté, la classe laborieuse, attachée à la culture et au commerce, le peuple, cette masse imposante qui aujourd'hui fait et défait les empires, commençait déjà à sortir de ses limbes, et, si faible que fût son intelligence, il n'avait pas de peine à voir que, sur toutes les terres de la chrétienté, les vassaux les plus riches, les plus heureux, les mieux traités, étaient les vassaux de l'Église. L'Église, versée dans l'histoire des temps anciens, connaissait la force de ces masses ; elle se les était attachées ; avec leur aide, elle avait cru pouvoir réaliser une utopie qu'elle regardait comme un progrès immense. Elle le tenta ; et, si la réussite ne couronna pas son entreprise, on n'en doit accuser que les dissensions que les princes de la terre surent habilement semer parmi les prélats.

Notre Raynaud était de ceux qui voient de loin, et s'enthousiasment difficilement. Esprit droit et posé, il avait embrassé d'un coup d'œil les avantages et les inconvénients des deux doctrines. Ultramontain comme évêque, il était gallican comme baron du royaume. Homme de paix et de raison, il aurait voulu concilier les deux partis, chose bien difficile ! Toutefois, comme en ce moment c'était au prélat que s'adressait la requête du saint-siége, il n'hésita pas à lui sacrifier non-seulement ses immenses revenus, mais l'amitié du roi et son propre repos. Dédaignant d'obéir à un ordre arbitraire, il partit pour Rome, où l'appelait la voix du pontife. Des nombreux prélats de France, quarante-quatre seulement eurent le courage de suivre un si dangereux exemple. L'histoire a conservé leurs noms ; ce sont : les archevêques de Tours, de Bordeaux, de Bourges et d'Auch, et les évêques d'Angers, de Nantes, de Vannes, de Redon, de Cornouailles, de Pamiers, de Périgueux, de Saintes, de Chartres, de Rodez, d'Agde, de Lescar, de Lectoure, d'Oléron, d'Ayre, de Mende, de Nevers, de Carcassonne, de Bazas, du Puy, d'Évreux, de Cavaillon, de Macon, d'Alby, de Clermont, d'Acqs, d'Autun, de Coutances, de Bourg et de Béziers.

Le résultat de cette assemblée fut la fameuse décrétale *Unam sanctam*, par laquelle Boniface fit connaître sa doctrine avec plus d'éloquence qu'il n'avait jamais fait : « Dans l'Église et sous sa puissance sont deux glaives, dit-il : le spirituel et le temporel ; mais l'un doit être employé par l'Église et de la main du pontife ; l'autre, pour l'Église et par la main des rois et des guerriers, suivant l'ordre et la permission du saint-siége. Il faut qu'un glaive soit soumis à l'autre. La puissance spirituelle doit instituer et juger la temporelle ; mais c'est Dieu seul qui juge la souveraine puissance spirituelle. Quiconque résiste à cette puissance résiste à l'ordre de Dieu ».

Après six mois d'une correspondance pleine d'acrimonie des deux côtés (juin 1303), le roi porta un édit qui ordonnait la saisie de tous les biens des prélats et autres ecclésiastiques actuellement hors du royaume, de quelque condition et nation qu'ils fussent.

L'évêque de Limoges fut, comme ses compagnons, enveloppé dans cette sentence du roi. On en voit une preuve dans le passage suivant, que j'extrais des mémoires de la Société, T. III, p. 94 :

« Le dimanche veille de Saint-André (1304), Guillaume Perpinetti, sergent, rapporte à M. le sénéchal de Poitiers et de Limousin que, le samedi précédent, de grand matin, ayant appris du procureur de Mgr Réginald, seigneur évêque de Limoges, que les gens du vicomte avoient, la nuit précédente, dressé en cachette, dans la terre dudit seigneur évêque, des fourches où ils vouloient pendre un certain homme, requérant ledit procureur, *ladite terre étant saisie entre les mains du roi*, que lui sergent empêchât cette nouveauté, et fît remettre les choses en leur ancien état, à cette fin, il s'est porté sur les lieux : il a trouvé certaines fourches dressées en une terre sise près le prétoire de Panazol, y a aussi trouvé les prévôt et sergents du château de Limoges pour le seigneur vicomte, une multitude d'hommes armés, et un nommé maître Jean, qui pend les hommes, commençant à monter l'échelle appuyée auxdites fourches, tenant par la corde attachée au cou un homme qu'il traînoit par ladite échelle auxdites fourches, ce qu'ayant vu, il a dit audit prévôt que la terre où sont lesdites fourches est des appartenances de la Cité ; que dernierement les gens dudit seigneur vicomte, ayant aussi voulu dresser des fourches sur ledit territoire, quoique plus éloigné de ladite Cité, ils en

avoient été empêchés par le procureur du roi, qui leur fit
déplacer leurs fourches et combler les trous, parce que *la tem-*
poralité dudit seigneur évêque étoit saisie entre les mains du roi;
que, pour la même raison, lui sergent leur ordonnoit d'enlever
leurs fourches, et leur défendoit de pendre l'homme. » (*Manuscrit*
provenant des anciennes archives ecclés., reproduit par M. de Burdin.)

Le pape répondit (août 1303) par la bulle *Rem non novam*, qui
contient une sentence d'excommunication, en termes généraux,
contre quiconque dépouille ou arrête par force ceux qui vont
vers le saint-siége ou en reviennent. En même temps il auto-
risait les évêques français venus vers lui à regagner leurs
foyers.

La conduite de Philippe, à dater de ce moment, fut celle d'un
fourbe. Pendant qu'il semblait vouloir choisir des arbitres pour
vider un différend qui s'était si promptement envenimé, il
remuait toute la France pour susciter contre le saint-père des
réclamations. Le gascon Nogaret, esprit souple, était l'âme de
toutes ces menées. Il suffirait de copier les titres de toutes les
doléances qu'il vint à bout de rassembler pour remplir cinq cents
pages au moins : ce sont des comtes et des barons qui demandent
un pape légitime pour gouverner l'Église avec règle, et couvrent
Boniface d'accusations, puis l'Université de Paris, les chapitres,
les abbés, et jusqu'à la Faculté de théologie, qui se plaignent
à leur tour. Les choses allèrent si bien que, en moins de deux
mois, plus de sept cents actes de consentement étaient entre les
mains de Philippe. Il se crut assez fort pour demander la réunion
d'un concile. (Dupuy, *Hist. des différends*, p. 110.)

Un concile en effet pouvait seul terminer ce grand scandale.
Les amis du saint-siége, confiants dans l'intégrité des mœurs
cléricales, applaudirent à cette pensée. Loin de la repousser,
Raynaud fut de ceux qui s'y attachèrent le plus vivement.
Nous le trouvons à Paris, le 15 juin 1303, parmi les prélats
réunis au Louvre pour y écouter la requête du jurisconsulte
Guillaume de Plasian. Il se joua là une atroce comédie. Guillaume, dans un discours en vingt-neuf articles, entassa contre
le saint-père toutes les imputations les plus monstrueuses,
depuis l'hérésie, le meurtre et l'athéisme, jusqu'au vice contre
nature. Le roi répondit qu'il agréait la requête de Plasian,
comme il avait fait récemment de celle de Nogaret dans une
autre assemblée; qu'il en appelait de la bulle de Boniface au
concile général et au futur pape, et qu'il était prêt à seconder

de tous ses efforts la réunion du concile. L'adresse suivante fut rédigée :

« A tous ceux qui liront les présentes lettres, les archevêques de Nicosie, de Reims, de Sens, de Narbonne, de Tours; les évêques de Laon, de Beauvais, de Chalons, d'Auxerre, de Melun, de Nevers, de Chartres, d'Orléans, d'Amiens, de Terouane, de Senlis, de Béziers, d'Angers, d'Avranches, de Coutances, d'Évreux, de Lisieux, de Séez, de Clermont, de Limoges, du Puy et de Macon; les abbés de Cluny, de Pré-montré, du grand monastere de Tours, de Saint-Denis, de Compiegne, de Sainte-Geneviève, de Saint-Victor, de Saint-Martin-de-Laon, de Figeac et de Beaulieu; les visiteurs des maisons du Temple et de Saint-Jean-de-Jérusalem, et le prieur de Saint-Martin-des-Champs, salut éternel en ce qui est vrai-ment salutaire.

» Étant tenus de défendre la personne de notre sire le roi de France, son état, son honneur et ses droits, nous lui avons promis de protéger sa personne, celle de madame la reine et celle de son fils, héritier du trône, son honneur et ses droits autant que nous le pourrons selon Dieu, et nous l'assisterons contre quiconque voudroit l'empêcher, attenter à son état, son honneur, et même contre le seigneur bienheureux pape, qui est accusé d'avoir fait de grandes menaces contre sa personne et son état; réserve faite de la déférence due au saint-siége apostolique, nous ne nous séparerons pas de lui dans ladite défense, et nous ferons, pour la convocation du concile général, ce que nous avons promis, et en appelons de tout ce que le seigneur pape entreprendroit contre ledit roi notre sire, le royaume, les barons, nous et nos sujets. »

Il est curieux de voir figurer dans cette adresse la signature de douze des évêques qui s'étaient rendus à Rome l'année précédente : eux aussi sans doute partageaient les doctrines de notre Raynaud, car il répugne à croire que tous ces princes de l'Église eussent sacrifié leurs convictions à la faveur de rentrer dans les biens que le fisc leur avait saisis. On voit d'ailleurs par notre citation que le séquestre n'avait pas encore été levé en 1304.

Boniface se préparait, de son côté, aux dernières extrémités. Le 15 août 1303, il déclara par une bulle qu'au pape seul appartenait de convoquer un concile. C'était effacer d'un trait de plume le long protocole de l'adresse des prélats. Philippe craignit de voir suivre la sentence qui avait jeté tant de rois hors du trône : il résolut de la prévenir par une audace jusqu'alors inouïe.

L'homme qu'il fallait pour exécuter ce dessein était tout trouvé. Nogaret, l'ambitieux courtisan, fut envoyé en Italie muni de pleins pouvoirs et de coffres remplis d'or. Il n'eut pas de peine à recruter une petite troupe de gens tarés comme lui : Sciarra-Colonna, Rinaldi-Supino et d'autres. Un matin de septembre, les conjurés, à la tête de trois ou quatre cents bandits, entrent dans Anagni, patrie et séjour du pape, aux cris de « Mort à Boniface! vive le roi de France!... » Surpris d'épouvante, les habitants se cachent au lieu de défendre leur père. Les assaillants arrivent aux appartements pontificaux. Ils y trouvent le noble vieillard assis sur son trône et revêtu du manteau de saint Pierre. Cet aspect arrêta un instant la soldatesque. Colonna et Nogaret le somment de déposer sa tiare. « Voilà mon cou, voilà ma tête! » répondit-il.

On dit que Colonna frappa le pontife à la joue de son gantelet de fer. Nogaret lui adressa des paroles qui valaient un glaive. Colonna aurait volontiers tué Boniface : son complice l'en empêcha. Ce retard leur fut funeste; car, au bout de trois jours, le peuple d'Anagni, s'apercevant du petit nombre d'étrangers, s'ameuta, chassa les Français, et délivra son pape. Mais il était trop tard. L'insolente victoire de ses ennemis avait brisé ce vieillard. Lorsqu'il arriva à Rome, il perdit l'esprit, et mourut le 11 octobre au milieu des convulsions. Le roi Philippe s'empressa de répandre en France un libelle intitulé *la Vie et la Mort du pape Maleface*, où il était représenté comme un suppôt de l'enfer. (Michelet.)

Cependant cette mort, si heureuse qu'elle fût, ne décidait pas la grande querelle. Avant que Philippe eût eu le temps de circonvenir le sacré collége, les cardinaux s'assemblèrent, et placèrent la tiare sur la tête de Nicolas de Trévise, qui prit le nom de Benoît VI. Le nouveau pontife parut ne vouloir étouffer la grande querelle soulevée par son prédécesseur qu'en pardonnant à tous ceux qui y avaient trempé. Le parti français trouva que accepter le pardon c'était se reconnaître coupable. Huit mois et demi après son élection, une jeune femme voilée vint présenter à Benoît une corbeille de figues-fleurs : il en mangea sans défiance, se trouva mal, et mourut en quelques jours. Les cardinaux, craignant de découvrir trop aisément le coupable, ne firent aucune poursuite.

Ils s'assemblèrent à Pérouse pour choisir un chef à l'Église. Après neuf mois de tergiversations entre le parti français et l'anti-français, l'habile cardinal Duprat, évêque d'Ostie, imagina un moyen qui devait tirer la papauté de Rome, et l'amener en France. Philippe, instruit par son affidé, attira dans un rendez-vous secret un de ses anciens ennemis, Bertrand de Goth, archevêque de Bordeaux, et là il lui dit : « Vois, archevêque, j'ai en mon pouvoir de te faire pape si je veux : c'est pour cela que je suis venu vers toi; car, si tu me promets de me faire six grâces que je te demanderai, je t'assurerai cette dignité, et voici qui te prouvera que j'en ai le pouvoir ». Alors il lui montra les lettres de délégation de l'un et de l'autre collége. L'archevêque, transporté de joie, se jette aux pieds du monarque. — « Sire, lui dit-il, je vois maintenant que vous m'aimez véritablement : tout mon regret est de n'avoir pas mérité vos bontés; mais commandez, et vous serez obéi. » — Le roi le releva, l'embrassa, et lui expliqua ainsi ses volontés : « Ce que je vous demande, c'est 1° que vous me réconciliez parfaitement avec la sainte Église; 2° que vous révoquiez toutes les censures fulminées contre ma personne, mes ministres, mes sujets et mes alliés; 3° que vous m'accordiez pour cinq ans les décimes de mon royaume; 4° que vous condamniez authentiquement la mémoire de Boniface; 5° que vous rétablissiez les Colonna dans leurs dignités, et que vous éleviez au cardinalat quelques-uns de mes amis. Quant à la sixième demande, je me réserve de la déclarer en temps et lieu, parce qu'elle est secrète et importante. L'archevêque était Gascon, par conséquent avide de gloire : il ne vit rien dans toutes ces demandes qui fût au-dessous du pontificat. Il accorda tout, et jura sur le corps de N.-S. de tenir sa promesse.

J'ai décrit cette scène avec tous les historiens; mais, si elle fut si secrète qu'on le dit, ne serait-on pas en droit de demander comment Villani, qui la raconte le premier, a pu s'en procurer des détails?

Quoi qu'il en soit, le nouveau pape fut couronné à Lyon le 11 novembre 1305. C'est en se rendant de cette ville à Bordeaux, son ancien siége, par Macon et Bourges, qu'il passa à Limoges, où les pauvres chanoines de Saint-Junien eurent à porter de sa visite le même fardeau que l'archevêque de Bourges, qu'il avait réduit par ses dépenses excessives à venir partager à la cathédrale la portion congrue des chanoines.

Le roi de France n'était pas homme à attendre long-temps le prix de ses services. Bertrand de Goth, devenu Clément V, se trouva enfermé dans le dilemme que voici : ou Boniface était faux pape et hérétique, et alors les cardinaux créés par lui étaient de faux cardinaux qui n'avaient aucun droit de lui choisir un successeur ; ou il était vrai pape, pape infaillible, et alors ses sentences étaient justes, et Philippe le Bel dûment condamné. Garrotté dans ce raisonnement, le pauvre Clément V n'avait pas mot à dire. Aussi c'est merveille de voir avec quelle exactitude il remplit tant qu'il put ses promesses. Il révoqua la bulle *Clericis laicos*, créa d'un coup douze cardinaux dévoués à la couronne, réconcilia le roi avec l'Église romaine ; il révoqua toutes les censures fulminées contre ses sujets, et rétablit les Colonna dans toutes leurs dignités.

Mais, quand il s'agit de condamner la mémoire de Boniface, malgré lui, son âme se révolta. Philippe le Bel alors invoqua les conventions secrètes, et lui fit durement sentir qu'il le tenait en geole pour le faire travailler à son profit. En 1307, nous le trouvons à Poitiers pressant la victime de faire ôter Boniface du rang des papes, et de faire brûler son corps comme coupable d'hérésie, sodomie, assassinats et autres crimes. Le pape, pour tirer l'affaire en longueur, le supplia de lui permettre de consulter les prélats.

C'est à ce sujet que fut convoqué le concile de Vienne, qui s'ouvrit le 1er novembre 1311. En ce temps-là le Dauphiné n'était pas à la France : choisir cette ville c'était presque échapper à la prison. Clément y appela tous les prélats du monde. Notre Raynaud fut des premiers à s'y rendre. Dans cette grande assemblée, malgré les menaces de Philippe le Bel et malgré sa présence, car il s'y était rendu avec ses deux frères, les accusations portées contre la mémoire de Boniface furent unanimement rejetées. On décréta qu'il n'avait jamais été hérétique par plusieurs raisons, qui furent alléguées et déduites au concile et au roi, dans un très-beau discours, par le cardinal Richard de Sienne, et pareillement soutenue envers et contre tous, les armes à la main, par deux chevaliers catalans, Caroccio et Debolus, qui s'engagèrent à défendre la renommée du pontife contre quiconque voudrait faire l'épreuve du jugement de Dieu.

Battu sur ce point, Philippe avait encore ce fameux sixième article de son traité secret avec Clément V. Il déclara à son illustre complice que tout l'or des Templiers suffirait à peine pour racheter sa parole touchant Boniface. Le pape, pour sauver le tronc de l'Église, dut sacrifier les branches : il signa cette condamnation.

Ici commence dans la vie de Raynaud de La Porte une nouvelle période, qui est peut-être la plus mal connue.

IV.

Le plus grand procès criminel dont il reste une instruction détaillée est celui de l'ordre des Templiers. Raynaud de La Porte fut un des huit juges de ce procès. C'est au milieu du sombre dédale de ces mystères sinistres que je dois maintenant le suivre pour rendre un compte exact de la part qu'il y prit.

Au commencement des croisades, en 1118, l'ordre militaire et religieux du Temple avait été fondé presque en même temps que celui des Hospitaliers pour la défense de la Terre-Sainte et de la religion. De la même plume qui commentait le Cantique des cantiques saint Bernard avait tracé leur règle enthousiaste et austère.

Les Templiers, outre les trois voix de chasteté, de pauvreté et d'obéissance, promettaient encore de consacrer leur sang, leur repos et leur vie à la défense du royaume de Jérusalem. Ils devaient toujours accepter le combat, fût-il d'un contre trois, vivre sobrement, communier au moins une fois l'an, entendre la messe trois fois par semaine, et réciter chaque jour un certain nombre de *Pater*.

Leur costume se composait d'une robe et d'un manteau de couleur blanche, avec une croix rouge au côté gauche, pour montrer qu'ils étaient toujours prêts à verser leur sang. Chacun d'eux pouvait avoir un écuyer avec trois montures et des valets pour les soigner. « Ils marchoient au combat, dit Jacques de Vitry, précédés d'un étendard mi-parti de noir et de blanc, pour indiquer qu'ils étoient aussi terribles aux infideles que secourables aux chrétiens. »

La principale dignité de leur ordre était celle de grand-maître, lequel ne connaissait de chef que le pape. Après lui venaient les visiteurs, les précepteurs, les commandeurs et les servants.

Dans un siècle où le combat était un des éléments de la vie, l'ordre s'était accru rapidement. Les plus nobles maisons se faisaient gloire d'y voir admettre leurs fils, tandis qu'à l'envi les rois, les fidèles et le clergé lui-même les comblaient de revenus et de bénéfices. Ils avaient divisé leurs biens en neuf provinces : celles de France, de Portugal, de Castille et Léon, d'Aragon, de Majorque, d'Allemagne, d'Italie, de Pouille et Sicile, d'Angleterre et d'Irlande ; et, dans la seule province de France, le nombre de leurs commenderies était si considérable, et leurs revenus si énormes, qu'ils pouvaient jeter l'or à pleines mains quand les coffres du roi étaient vides.

L'histoire des Templiers en Limousin appartient à M. Roy-Pierrefitte. Je ne veux pas empiéter sur les travaux de ce savant paléographe, à qui je dois déjà beaucoup des détails de cette notice ; je dirai seulement que j'ai pu compter sur les pièces du procès jusqu'à douze commenderies qui leur appartenaient (1). Ils avaient à Limoges un hôtel qui comprenait tout le terrain situé entre la rue du Consulat, la rue Ferrerie, la rue du Temple et celle des Taules. Dans plusieurs maisons de ces quartiers, on voit encore des voûtes et de fort beaux cloîtres qui appartenaient aux anciennes constructions. M. Tripon, dans son *Historique monumental du Limousin*, en a reproduit quelques fragments, et les caves qui existent en parfait état de conservation sous tout ce quartier donnent une haute idée de ce que devait être l'ensemble.

Mais l'or est un mauvais oreiller pour un religieux. Peu à peu l'opulence fit perdre aux Templiers leurs vertus ; les revers de la cause chrétienne ébranlèrent leur foi ; le contact des voluptés de l'Orient corrompit leurs mœurs ; leur grand train de vie excita la jalousie jusque dans l'âme des rois ; leur perte fut jurée par Philippe le Bel ; et employant contre eux ces mêmes accusations d'hérésie, de débauche, d'avarice, qui avaient si bien servi à le débarrasser de Boniface VIII, ce prince entreprit de les renverser.

Aussi bien la chevalerie religieuse, cette fleur d'enthousiasme et de foi qui avait produit des fruits si beaux, était maintenant sans sève, et rongée au cœur par un ennemi qui n'épargne rien, le temps ; le mot magique de croisade ne réveillait plus aucune sympathie : l'institution du Temple était devenue inutile par la

---

(1) Ces commenderies étaient : Blandeis, *Podium-Nucis*, La Forest, Champein, *Pogia*, Bellechassaigne, Bussière-Raspit, Paulhac, Font-Logentor, Maison-Dieu-de-Lobert, Combarel, Ayen et Le Palais.

chute de Jérusalem au pouvoir des infidèles, et c'est une loi de ce monde que tout ce qui vieillit doit disparaître.

Dans de pareilles circonstances, l'habileté de Philippe, secondée par un fourbe comme Nogaret et par un ambitieux comme Marigny, ne pouvait manquer de réussir. Il commença par semer dans le peuple des bruits malveillants sur l'orthodoxie des Templiers, sur leurs mœurs, sur les mystères de leurs initiations. Quand ces sourdes rumeurs furent convenablement accréditées, il se trouva, comme par hasard, dans les prisons de Béziers, deux renégats dont les révélations furent le brandon indispensable à l'éclat que le roi méditait. Il se hâta d'appeler à Paris le grand-maître et les principaux chefs de l'ordre, les caressa, les combla, les endormit, et, quand il les eut tous dans son filet, un matin, le 13 octobre 1307, on apprit avec terreur par toute la France que les Templiers avaient été arrêtés sur tous les points du royaume, et qu'ils allaient passer en justice.

Ce fut comme la trompette du jugement dernier. Clément V, qui, sur les six conditions de son traité avec Philippe le Bel, lui en avait si largement octroyé quatre en moins de deux ans, sentit le premier ce honteux soufflet qu'on appliquait sur la face de l'Église. Il s'en plaignit amèrement. Le roi se contenta de lui répondre que Dieu détestait les lâches, et en même temps, à grands renforts de géhenne et de tortures, du 19 octobre au 24 novembre, il faisait interroger par le frère Guillaume de Paris, inquisiteur de la foi, les cent quarante Templiers arrêtés dans la maison de Paris.

J'ai lu avec un soin scrupuleux la déposition de ces infortunés. Après chaque nom, le greffier se contente de donner un résumé sec, froid et méchant de ce qu'ont dit les prévenus. On voit que la rédaction a été pressée. Les aveux sont d'une uniformité dés-espérante et très-compromettante pour l'ordre. Le grand-maître lui-même, interrogé le 24 octobre, répond comme un homme qui a perdu le sens. En même temps, à Troyes, à Bayeux, à Caen, à Cahors, à Carcassonne, à Beauvais, des aveux semblables sont consignés par les inquisiteurs.

Sans perdre une minute, le roi convoque un parlement à Tours au commencement de 1308. Ses agents n'eurent pas de peine à entraîner l'assemblée. L'un d'entre eux adressa à Philippe une harangue pleine d'accusations furibondes. On y affirmait que, dans ces réceptions dont le mystère excitait si vivement la curiosité publique, « le nouveau Templier, après avoir reçu le

manteau blanc à croix rouge, étoit contraint de renier Jésus-
Christ, de fouler la croix aux pieds, et, apres cette cérémonie,
à laquelle assistaient femmes et filles séduites, ils éteignoient
les lampes et lumieres, et, sans égard d'honnêteté, exerçoient
stupres, adulteres, paillardises et toutes abominables ordures ;
et, s'il arrivoit que de leur commerce naquît un fils, ils se
rangeoient tous en rond, et se jetoient cet enfant de main en
main jusqu'à ce qu'il fût mort ; après quoi, ils le rôtissoient, et
de la graisse oignoient une grande statue en forme d'homme sur
laquelle étoit appliquée la peau d'un corps humain, qui étoit
leur dieu ». (Dupuy, *Procès des Templiers.*) Enfin on rappelle à
Philippe que Moïse n'avait pas demandé le consentement d'Aaron
pour exterminer les adorateurs du veau d'or ! Pourquoi le roi
très-chrétien ne procèderait-il pas ainsi, même contre tout le
clergé, si ce clergé errait ou soutenait ceux qui errent ?

Philippe crut alors pouvoir forcer la main au pape. Il se rendit
à Poitiers, où Clément était malade, traînant après lui
soixante-douze Templiers captifs, qui renouvelèrent leurs
aveux devant le saint-père. Il était difficile de reculer.
« Clément, dit M. Michelet, voulut donner le change en com-
blant Philippe de toutes les faveurs qui étaient au pouvoir du
saint-siége, et en temporisant par tous les moyens. Un jour il
donna pour refuser de recevoir les envoyés royaux les plus ridi-
cules des excuses : « De l'avis des médecins, nous allons, dit-il,
prendre quelques drogues préparatives, et ensuite une médecine,
qui doit, avec l'aide de Dieu, nous être fort utile. » (Baluze,
Hist. Pap. Av.) Une autre fois il essaya de fuir ; mais il n'était
pas sorti de Poitiers que ses bagages étaient arrêtés. Il comprit
que lui aussi était captif. Il ne restait d'autre ressource, sous
peine de voir violer le privilége qu'avaient les gens d'Église de
n'être jugés que par les tribunaux ecclésiastiques, que de permettre aux évêques de s'occuper de ce procès. C'est ce qu'il fit,
en ayant soin de désigner trois cardinaux, Bérenger, Étienne et
Landulphe, pour recueillir les pièces du procès, et lui en rendre
compte. Mais, soit que ces délégués fussent ennemis des accusés,
soit que le nombre des accusateurs fût trop considérable, ils
furent presque immédiatement dépassés.

Alors Clément V eut recours à un autre moyen : il choisit huit
membres parmi les prélats qui lui semblèrent les plus zélés pour
la foi, les plus équitables dans leur conduite, les plus dévoués à
sa personne, et voulut que toute la procédure passât entre leurs

mains, et fût recommencée par eux. Notre Raynaud fut un de
ces huit évêques, et c'est à partir de ce moment seulement
(août 1308) que son nom se trouve mêlé à cette affaire. On
prévoit facilement sous quel jour il y va paraître.

Le bref pontifical est ainsi conçu :

« Clément, évêque, serviteur des serviteurs de Dieu, à nos
vénérables frères l'archevêque de Narbonne, les évêques de
Bayeux, du Mans et de Limoges, et nos chers fils Matheo de
Naples, notre notaire, et les chanoines Jean de Mantoue, Jean
de Montlaure et Guillaume Agarnic, salut et bénédiction
apostolique :

» Lorsque le Fils de Dieu N.-S. J.-C., dans sa miséricorde,
voulut nous élever au poste éminent de son apostolat, ce fut
afin que, malgré notre indignité, nous occupions sa place sur
terre, et que, dans toutes nos actions, nous imitions ses divins
exemples autant que le permet la fragilité humaine. Or il nous
est parvenu, dès le commencement de notre pontificat, et avant
même notre arrivée à Lyon, où nous avons reçu les insignes de
notre couronnement, et depuis encore en divers lieux, que le
grand-maître, les précepteurs et les autres frères de la milice du
Temple de Jérusalem, et l'ordre entier, qui avait été commis
dans les pays d'outre-mer à la défense du patrimoine de
N.-S. J.-C., est tombé dans des crimes divers d'apostasie, d'ido-
lâtrie et autres. Mais, comme la chose n'était pas vraisemblable,
et qu'il nous semblait impossible que des hommes si religieux,
versant souvent leur sang, et exposant sans cesse leur vie aux
périls et à la mort pour le nom de Dieu, et qui donnaient constamment de grands signes de dévotion, tant dans leurs divers
offices que par les jeûnes et autres observances, oubliassent à
ce point les intérêts de leur salut, nous n'avons point voulu,
suivant en cela les conseils et les exemples de notre divin
Maître, prêter l'oreille à de semblables accusations. Mais, après
que notre cher fils en Dieu Philippe, roi de France, à qui les
mêmes forfaits avaient été dénoncés, nous eut plusieurs fois,
par ses envoyés et ses lettres, confirmé la véracité de ces
bruits....., lorsque la voix publique eut apporté jusqu'à nous le
récit de crimes odieux....., et que même un soldat de cet ordre,
homme d'une grande noblesse, et dont les dépositions doivent
nous sembler d'un grands poids, nous eut révélé, sous le sceau
du serment, les divers points dans lesquels l'ordre est criminel,
nous n'avons pu nous refuser à accueillir les cris qui s'élèvent

de toute part. C'est pourquoi, sur le témoignage du roi, des ducs, des barons et autres nobles, du clergé et du peuple dudit royaume de France, et., forcé par les clameurs publiques, nous avons dû procéder à un examen sérieux et attentif de la conduite des Templiers..... (Suit le récit des soixante-douze dépositions faites devant lui à Poitiers et de celles recueillies par les trois cardinaux.) Mais, comme il nous serait impossible d'interroger par nous-même tous les membres de cette congrégation, qui sont fort nombreux, et répandus dans tout l'univers, nous avons cru pouvoir confier ce soin à votre discrétion, et nous vous autorisons, par ce bref, à citer devant vous, dans les lieux qui vous paraîtront convenables, et à interroger sur les articles contenus dans la bulle que nous vous adressons sous ce pli, et sur tous ceux que vous suggèrera votre prudence, tous les membres de l'ordre, en notre nom et au plus tôt. Il vous plaira de faire rédiger par un notaire, et de nous adresser sous votre sceau, le résultat de vos interrogations. Si quelqu'un des témoins requis, avertis ou cités par vous à vous rendre témoignage selon la vérité cherchait, par prière, corruption, crainte, haine ou affection, à se soustraire à vos requêtes, comme aussi les amis, protecteurs ou défenseurs desdits frères, et générale-ment tous ceux qui, directement ou indirectement, en secret ou en public, par eux-mêmes ou par d'autres, et d'une façon quelconque, chercheraient à entraver votre ministère, il convient d'employer contre eux d'abord la censure ecclésiastique et ensuite le bras séculier si besoin est. Que si vous ne pouvez à vous seuls vaquer à une semblable tâche, cinq, quatre, trois, deux même d'entre vous suffiront en vous adjoignant un troisième. Donné le deuxième jour des ides d'août, de notre pontificat la troisième année (1308). » (*Procès des Templiers,* Coll., Mém. sur l'hist. de France, T. I, p. 3, 4.)

La bulle indiquait les points suivants comme devant particu-lièrement attirer l'attention des commissaires : — Si, dans leurs réceptions, ils reniaient Jésus-Christ, Dieu ou les saints; — si les récepteurs disaient aux récipiendaires que Jésus-Christ n'était pas vrai Dieu; — s'ils adoraient un chat; — s'ils avaient des idoles ou des bustes à trois faces ou avec un crâne humain, et les adoraient comme des dieux capables de les sauver et de les enrichir; — si on leur ordonnait de cracher sur la croix ou l'image de la croix, de la fouler aux pieds, de faire sur elle des ordures, spécialement le jour du vendredi-saint; — s'ils ne

croyaient pas aux sacrements de l'Église; — s'ils croyaient que
le grand-maître, les visiteurs et les précepteurs eussent le
pouvoir de les absoudre ; — si, dans la réception des frères, ils
s'embrassaient à la bouche, à l'ombilic, à l'anus, etc.; — s'ils se
prostituaient les uns aux autres, et s'ils croyaient que cela leur
fût permis; — s'ils faisaient mourir ou languir en prison ceux
qui refusaient de commettre ces horreurs.

Les commissaires nommés pour une si grave mission s'empressèrent de se réunir à Paris. Ils écrivirent à tous les prélats
de France pour les inviter à se conformer aux ordres du saint-
père en leur adressant les frères de l'ordre qui voudraient
prendre la parole pour leur défense, et ouvrirent leurs séances
le 12 novembre 1309.

Mais le roi de France et ses affidés n'avaient pas plus envie de voir
se justifier les Templiers que le pape de voir condamner Boniface.
Ce que le saint-père semble prévoir dans le dernier article de son
bref, où il prend une si minutieuse précaution de sauvegarder
les huit commissaires contre toutes les entreprises qui peuvent
tendre à entraver leur liberté, arriva effectivement; seulement
les ennemis des Templiers tournèrent la difficulté, et ce fut en
empêchant les accusés de se présenter devant la commission
qu'ils entreprirent d'en anéantir l'effet. En parcourant cette
immense procédure, qui ne contient pas moins de 920 pages
in-4, on est tout surpris de voir, pendant toute une semaine, le
tribunal de la commission s'ouvrir chaque matin sans qu'aucun
avocat ni aucun accusé se montre. Si la magnanimité des
juges n'apparaissait à chaque page du procès, cette circonstance seule suffirait pour faire nettement comprendre dans
quel esprit était assemblée cette commission, et quels sentiments
l'animaient.

Le 18 novembre, les commissaires écrivirent de nouveau aux
archevêques et évêques pour leur mander, au nom de la sainte
obéissance due à l'autorité apostolique, de se hâter de publier
leurs lettres, et de prendre des mesures pour leur adresser sans
délai tous les frères qui annonceraient avoir quelque chose à dire
pour la défense de l'ordre.

Enfin, le 22 novembre, la séance étant ouverte à l'ordinaire,
il vint un envoyé de l'évêque de Paris qui annonça pour la
prochaine réunion la présence du grand-maître. En même
temps se présentèrent Hugues de Perault, le visiteur de
France, qui se contenta de demander à être interrogé par le

pape; Jean de Melot, qui déclara avoir porté l'habit dix ans, et n'avoir jamais rien vu ni entendu de ce qui était contenu au réquisitoire, et six autres Templiers, qui, ayant reçu la même invitation, firent les mêmes réponses. Le reste de la séance fut employé à réclamer du prévôt du Châtelet de Paris six voyageurs qui se disaient Templiers, et qui, venus pour chercher des avocats, avaient été arrêtés.

· Le 26 novembre, le grand-maître des Templiers, Jacques de Molay, se montra enfin à la barre du tribunal. C'était un vieux et brave gentilhomme, qui venait de s'honorer en Orient par les derniers combats qu'y soutinrent les chrétiens. Il était le XXII⁰ grand-maître de l'ordre. Interpellé s'il voulait défendre le Temple en général, il répondit que, dans l'état d'isolement et de captivité où on l'avait réduit depuis deux ans, il n'avait ni le savoir ni les ressources nécessaires pour supporter convenablement un tel fardeau ; que cependant il s'estimerait vil et misérable s'il ne défendait selon son pouvoir un ordre dont il avait reçu tant de biens et d'honneurs. Les commissaires lui firent la lecture des griefs que l'on reprochait à son ordre, et aussi des dépositions qu'il avait déjà faites devant l'inquisiteur de Paris et devant les cardinaux à Chinon. « A cette lecture, Jacques de Molay fit par deux fois le signe de la croix, comme grandement étonné de ce qu'il entendoit, et s'écria que, si, au lieu desdits seigneurs commissaires, il pouvoit se faire entendre des autres, il auroit quelque chose à leur dire; et, lesdits commissaires lui ayant répondu qu'ils n'étoient pas là pour recevoir un gage de bataille, ledit maître ajouta que ce n'étoit pas cela qu'il entendoit, mais bien qu'il plût à Dieu qu'on observât en pareil cas contre de tels pervers la coutume des Sarrasins et des Tartares, à savoir de leur abattre la tête, ou de leur couper le corps par le milieu. A quoi les commissaires répondirent que l'Église se contentoit de déclarer hérétiques ceux qui l'étoient. » (*Procès*, p. 34.)

J'ai cru devoir reproduire et traduire avec soin sur la pièce originale ces paroles échangées entre le grand-maître et les commissaires; car M. Michelet fait une erreur en supposant que ces menaces s'adressaient aux commissaires eux-mêmes, tandis que, avec Dupuy, Raynouard et Saint-Martin, le texte porte à penser qu'il ne s'agissait que des auteurs des premiers interrogatoires.

Le grand-maître n'était sans doute pas assez maladroit pour

insulter ses juges de la sorte ; mais en quoi il manqua de discernement ce fut d'appeler pour son conseil le traître avocat Plaisian, connu comme ennemi de la papauté, qui avait assisté à la séance sans y être convoqué. Plaisian s'engagea à demander du temps jusqu'au vendredi suivant. Les commissaires lui accordèrent ce délai, « offrant de lui en donner davantage s'il le désirait ». Sans doute que, pendant ces deux jours, le perfide avocat travailla habilement son client dans la prison ; car, lorsqu'il reparut le vendredi, sa tactique était toute changée. Après avoir remercié les commissaires du délai qu'ils lui offraient, il déclara renoncer à la défense de l'ordre, demandant seulement à dire trois choses : la première, qu'il ne croyait pas qu'il y eût des églises où le service divin fût célébré avec plus de pompe que chez les Templiers ; la deuxième, qu'en aucun lieu on ne faisait de si abondantes aumônes ; la troisième, que personne n'exposait plus volontiers sa vie pour la foi chrétienne. Il ajouta qu'il croyait en Dieu et aux enseignements de l'Église, et termina en demandant à être conduit devant le saint-père.

Le grand-maître abandonnant ainsi la défense, sa conduite devait avoir sur ses frères la plus funeste influence. La chose était si évidente pour les commissaires eux-mêmes que, avant de lever la séance, ils lui répétèrent plusieurs fois cette demande : « Voulez-vous défendre l'ordre ? », et que le lendemain ils lancèrent une nouvelle invitation non-seulement aux évêques, mais à tous ceux qui retenaient captifs quelques Templiers, d'avoir à laisser venir vers eux tous ceux qui se présenteraient pour parler, « ne voulant pas, dans une chose si délicate, être accusés de précipitation ».

Cependant, malgré la défection de Jacques de Molay, malgré tous les moyens de séduction et de violence mis en usage par les agents et les amis de Philippe le Bel, l'esprit de corps prit le dessus. Cinq cent quarante-six d'entre eux demandèrent à être amenés à Paris, et l'obtinrent (1). Ils demandèrent à être in-

---

(1) Des cinq cent quarante Templiers qui parurent devant la commission cinquante-deux étaient du diocèse de Limoges. Voici leurs noms, que je suis parvenu à réunir : François de Bord, précepteur, Jean de Malemort, Gérald d'Augnac, Humbert de La Boissaye, Étienne de Cloze, Jean Durand, Guy de La Chatenaye, Bertrand de Villars, Pierre de Noblac, Guy de La Roche, Hugues de Faure, Guy Las Chassandas, Jourdain Paute, Bosco Mosvalier, Pierre Pufandi, Étienne d'Égleton, Gérard de Roc-Amadour, Étienne de Gorsolas, Pierre Maysorilier, Jean Fabre, Hugues de

terrogés personnellement, « se réjouissant de ce qu'il fût enfin
procédé avec justice et droiture à cette affaire, et pleins de
confiance dans la fidélité de leurs nouveaux juges ». Leur interrogatoire commença le 6 février, et fut continué sans interrup-
tion jusqu'au 20 mai 1310. Mais, comme ils étaient logés par
dix, vingt ou trente dans les maisons et les caves; qu'ils
avaient hâte de voir terminer cette affaire, et que, malgré la
commission, on continuait à instrumenter contre eux de tous
côtés, dès le 28 mars, ils se nommèrent des défenseurs, parmi
lesquels deux de nos compatriotes, Guillaume de Chambonnent
et Raynaud de Vassignac. Pendant toute cette première période
des travaux de la commission, soit dans les interrogatoires par-
ticuliers, soit dans les discours des défenseurs, les dépositions
sout unanimes à disculper l'ordre et à le laver. Les accusés
réclament avec énergie contre les violences exercées envers eux
par les hommes du roi, les inquisiteurs et les cardinaux; ils se
plaignent qu'on leur a enlevé les habits de l'ordre, qu'on les a
privés des sacrements, et qu'on a arrêté leurs réclamations. Ils
affirment qu'ils n'ont cessé d'observer leur règle telle qu'elle a
été tracée par l'Église. Ils font valoir que les frères qui avaient
avoué dans les tortures l'avaient fait par surprise; car on leur
montrait, d'une part, des lettres de mise en liberté revêtues du
sceau royal, et, de l'autre, le chevalet sur lequel on allait les
torturer jusqu'à ce qu'ils avouassent. « J'ai été torturé trois fois,
disait l'un; on m'a gardé trente jours au pain et à l'eau dans un
cachot infect, disait un autre » ; un autre avait été pendu par
les parties génitales; un autre avait perdu les os du pied dans
les réchauds du tourmenteur.

Ces abominations transpirèrent au dehors : le peuple, prompt
dans ses sympathies comme dans ses haines, commençait à

La Hugonie, Raymond de Vassignac, Jean Zelzit, Jean de Bellefage,
Gilbert Lafon, Guillaume de Chambonnent, Aimery de Capiac, Bernard
de Bord, Pierre Maleani, Itier de Lombiac, Guillaume de Sanzet, Hélie
d'Aymery, Hélie de Chalistrat, Guy de Garson, Étienne de Lanson,
Aymery Chamertant, Itier de Brevère, P. du Teillet, P. de Chagor,
Aymon Dupré, Renaud de Bort, Pons de Vernegiac, Goeta du Peyrat,
Guillaume de Brinat, Guillaume de Galabre, Hélie de Celle, Clément de
Saint—Hilaire, Aymeric de Latour, Olivier de Maison-Sereine, Bernard
de La Porte, Gombert de La Porte, Gilbert de La Porte, auxquels je
demande la permission d'ajouter Audebert de La Porte, du diocèse de
Poitiers, précepteur d'Auson.

s'émouvoir. Les commissaires procédaient avec la mesure de l'incorruptiblité : Philippe, pressé d'en finir, résolut de se passer d'eux. ·

Une de ses créatures, Philippe de Marigny, frère de son chambellan, venait d'être élevé sur le siége de Sens; contrairement à toute justice, et malgré les ordres du pape, cinquante Templiers sont livrés à une assemblée présidée par le prélat, et, en moins d'un mois, interrogés, convaincus et mis à mort. « En un champ voisin de l'abbaye de Saint-Antoine, dit l'annaliste continuateur de Nangis, on avoit fait un grand parc fermé de palissades : le roi y fit lier les condamnés chacun à un poteau; on leur mit le feu aux pieds, et ils brûlèrent, déclarant jusqu'à la mort qu'ils étoient innocents, et que tout ce que l'on leur imputoit étoit faux; ce que le peuple vit avec étonnement et consternation. » (12 mai 1310.) (Dupuy, *Hist. du procès des Templiers.*)

Chose remarquable et déplorable à la fois, à dater de ce moment, le tribunal des commissaires, qui jusque là n'avait reçu que des dépositions favorables aux Templiers, voit se glisser d'abord, puis croître et envahir les débats, une foule d'aveux ou de rétractations à son préjudice. Cet exemple donné par Nicolas de Presle, avocat étranger à l'ordre, est suivi avec une incroyable tenacité. En vain les commissaires précisent leur interrogations; en vain ils suspendent (car je n'y vois pas d'autre cause) leurs séances depuis la fin de mai jusqu'au mois de novembre, toutes les nouvelles dépositions sont semblables aux dernières, ou s'en écartent à peine.

Presque toujours elles commencent ainsi : *l ecit eum jurare super missale apertum castitatem, obedientiam, vivere sine propria, eleemosynas facere, servare usus et consuetudines ordinis, et instruxit eum quot Pater noster diceret pro horis suis.* Les termes de la confession sont les suivants : *Præcepit ei quod abnegaret Jesum-Christum, et, cum ipse testis responderet se hoc nullo modo facturum, dictus frater dixit ei quod opportebat eum facere prædicta, quia ipse ita fecerat in receptione sua, et tunc ipse testis abnegavit Jesum-Christum ore, non corde; deinde dictus frater præcepit ei quod spueret supra quamdam crucem metallinam, et testis spuit, non supra, sed juxta dictam crucem.* A quoi un très-petit nombre ajoute : *Postea præcepit ei quod oscularetur eum in ano; sed ipse testis noluit hoc facere. Deinde dixit ei quod poterat carnaliter misceri cum fratibus ordinis, et pati quod ipsi commiscerentur cum eo : hoc tamen non fecit, nec fuit requisitus, nec scit, nec audivit quod fratres committerent peccatum predictum.* Une dizaine tout au plus avouent tout ce qu'on veut leur demander.

Parmi ces apostats, j'ai eu la douleur de compter dix-huit de nos Templiers limousins (1), et l'un de ceux mêmes qui avaient été choisis comme orateurs dans le premier élan de la défense, Raymond de Vassignac. En tout, les relevés que j'ai fait m'ont donné cent soixante témoins à charge et quatre-vingt-onze à décharge, sur deux cent trente-un interrogatoires. Les débats furent clos le 26 mai 1311, et la procédure, revêtue du sceau des commissaires, adressée immédiatement au pape, par discrets maîtres Chatard de Pennevayre, chanoine de Saint-Junien, et Pierre d'Aurillac, licencié ès-lois (2).

A la lecture de ce dossier colossal, l'esprit demeure anéanti. On est obligé d'avouer, avec l'un de nos plus célèbres historiens, que ce procès n'était pas de ceux qu'on peut juger. Pourtant, si les victimes intéressent à cause de la gloire qui s'attache à leur nom et de l'acharnement de leurs persécuteurs, on ne peut guère s'empêcher de convenir que de grands relâchements s'étaient glissés dans l'ordre, et qu'il était temps qu'il finît. J'admettrais assez volontiers que quelques-uns des frères n'étaient pas étrangers aux pratiques qu'on leur reproche contre la morale. Quant au crime d'impiété, j'ai peine à les en croire coupables. Les Templiers n'étaient pas assez lettrés pour connaître et pratiquer comme on l'a voulu les erreurs mystiques des Gnostiques. Les soldats s'occupent rarement de théologie, et, pour ce qui est du reniement de Jésus et de l'insulte à la croix, je ne puis y voir autre chose qu'une de ces pratiques stupides par lesquelles les sociétés secrètes ont coutume de s'assurer de l'entier dévoûment de leurs nouveaux adeptes. Le notaire épiscopal lui-même semble indiquer cette explication quand il dit : *Ne reputarentur inobedientes, abnegabant Deum.* (*Procès*, T. II, p. 205.)

La conduite de Raynaud de La Porte au sein de la commission

(1) Voici leurs noms : Humbert de La Boissaie, Jean Durand, Guy de La Chatenaie, Bertrand de Villars, Pierre de Noblac, Guy de La Roche, Hugues de Faure, Guy Las Chaussandas, Jourdain Paute, Bosco Mosualier, Pierre Pufandi, Étienne d'Egleton, Girard de Roc-Amadour, Étienne de Garsolas, Pierre Maysorilier, Jean Fabre, Hugues de La Hugonie, Bernard de Bort.

(2) L'un des notaires qui avaient été chargés de rédiger les dépositions était aussi Limousin : il se nommait Bernard Filhol.

pontificale fut ce qu'elle avait toujours été, ferme sans passion, et douce sans faiblesse. Quand tous les commissaires s'absentaient l'un après l'autre, il eut la constance d'assister à toutes les séances. Pendant dix mois il suivit toutes les péripéties de ce drame terrible avec une impartialité si grande que, après avoir lu toutes les pièces du procès, on en est encore à se demander. s'il croyait les Templiers coupables, ou s'il les regardait comme innocents.

C'est au concile de Vienne que devaient se juger le sort des chevaliers en même temps que la mémoire de Boniface VIII. Cette assemblée, comme je l'ai dit, s'ouvrit le 16 octobre, trois mois après la clôture de l'interrogatoire. Les prélats, au nombre desquels était l'évêque de Limoges, jugèrent favorablement les actes du souverain vieillard. La même équité parut dans leurs dispositions à l'égard de la milice du Temple. Les notaires de la cour romaine ayant publié que les défenseurs de l'ordre accusé, s'il en était, pouvaient se présenter dans le délai de dix jours, on vit paraître neuf chevaliers portant sur leur cotte le manteau et la croix rouge du Temple, qui demandèrent à venger l'honneur de leurs frères prisonniers. Les pères déclarèrent unanimement, sauf l'archevêque de Sens, celui de Reims, celui de Rouen et un évêque italien, qu'ils ne pouvaient condamner les accusés sans les ouïr.

Un instant on vit briller une lueur d'espérance ; mais ce ne fut qu'une lueur. Il était convenu entre le pape et le roi qu'il livrerait les vivants pour sauver un mort. D'octobre 1311 à avril 1312, ce ne furent, de la part du gouvernement français, que menées obscures pour gagner isolément les prélats. Enfin, à force d'or et de promesses, le 6 des nones de mai 1312, Philippe le Bel obtint de son pape une sentence où, après avoir rappelé tout ce que nous venons d'écrire, le chef de l'Église ajoute : « A cause des diverses et déplorables obscénités, erreurs et crimes, dépravations et souillures de l'ordre militaire du Temple de Jérusalem, d'après l'approbation du saint concile, nous supprimons, par une sanction irréfragable et perpétuelle, l'ordre, l'habit et le nom, avec douleur et amertume de cœur, *non par manière de sentence définitive, les enquêtes et procès qui ont eu lieu sur cette matière ne suffisant pas pour porter de droit cette suppression,* mais par voie de provision, et défendons expressément que personne ne s'avise d'entrer dans l'ordre, en porter l'habit, ou se faire passer pour Templier, sous peine d'excommunication *ipso facto*. (*Actes du concile de Vienne*.)

Ainsi fut anéantie la milice du Temple, après cent quatre-vingt-quatre années d'existence.

Les biens de l'ordre furent partagés entre les Hospitaliers, qui étaient en train de s'établir à Rhodes, le roi de France, le trésor pontifical et les principaux acteurs de ce drame terrible. L'historien est heureux de constater que notre évêque ne reçut de faveur ni du roi ni du pape : cet oubli est une fortune pour sa mémoire.

Restait la plus triste partie de la succession des Templiers. Les prisonniers, au nombre de plusieurs mille, entassés dans les caves de l'inquisition ou dans les geoles du roi. Il fut résolu qu'on les jugerait individuellement. Quelques prélats, parmi lesquels nous sommes heureux de ne plus rencontrer notre Raynaud, commencèrent par le grand-maître Jacques de Molay, le visiteur Hugues de Perault, le précepteur de Normandie et celui d'Aquitaine. Sur un échafaud tendu de rouge, en pleine place du parvis Notre-Dame, on leur signifia leur sentence, qui était d'être emmurés à perpétuité. Mais à peine l'eurent-ils entendue qu'ils se mirent à renier hautement leur confession, disant qu'ils avaient rendu faux témoignage, et que l'ordre était innocent. Là-dessus grande rumeur. Les prélats se sauvent pour échapper au peuple ; le prévôt emmène les accusés, et court rendre compte au roi, qui, pour en finir, donna ordre qu'on les jetât au feu, à la nuit tombante, dans une petite île de la Cité, sur l'emplacement qu'occupe aujourd'hui la statue d'Henri IV. Le continuateur de Nangis dit qu'ils virent préparer leur bûcher d'un cœur si ferme et si résolu, persistèrent si bien dans leurs dénégations jusqu'à la fin, et souffrirent la mort avec tant de constance qu'ils laissèrent dans l'admiration et la stupeur tous les témoins de leur supplice (11 mars 1314). Un historien italien, Ferreti de Vicence, prétend que Jacques de Molay, du haut de son bûcher, ajourna le roi et le pape devant le tribunal de Dieu, Clément sous quarante jours, et Philippe dans l'année. En effet le premier mourut le 30 avril, et le second le 29 novembre.

Les autres Templiers captifs furent exécutés à petit bruit, ou s'échappèrent de leurs prisons après la mort de leurs persécuteurs. Ils vécurent ignorés, mais ne cessèrent de se perpétuer dans l'ombre jusqu'à l'époque des sociétés secrètes des temps modernes, qui leur doivent leur origine.

La mémoire de ce célèbre et malheureux ordre n'a cessé depuis son jugement d'être balottée de la honte du crime à la gloire du martyre. (H. Martin, *Hist. de France.*)

V.

Grâce à Dieu, j'en ai fini avec les tableaux tristes. Mon devoir était de suivre Raynaud de La Porte au milieu des circonstances épineuses de sa vie; mais c'est maintenant l'ami des arts que je veux peindre, et c'est au milieu des architectes, émailleurs et tailleurs d'images limousins que je dois vous le montrer.

Les antiquaires s'accordent à dire que le siége de Limoges est le plus ancien d'Aquitaine; que saint Martial, son premier évêque, y consacra la première église au lieu qu'occupe encore la cathédrale; que, cet édifice ayant été détruit pendant les guerres de Pepin et de Waïfre, une nouvelle basilique, construite dans le style roman, fut commencée par les soins de l'évêque Hilduin vers 1012, puis ravagée par les Anglais, et réparée en 1223, quelque temps avant la construction de la tour du clocher, qui date de 1242, suivant le témoignage du P. Bonaventure confirmé par M. Arbellot.

Mais, quand il s'agit de connaître l'époque de la construction de la cathédrale de granit, encore inachevée, qui fait l'admiration des connaisseurs et le nom de celui qui éleva les premières colonnes de ce précieux monument, les esprits se partagent, et la plus grande confusion se manifeste. Les uns veulent que l'évêque Aymeric de La Serre, qui laissa mille livres (voir son testament publié par M. Ardant dans les Bulletins de la Société) pour édifier le chevet de l'église de Limoges, ait lui-même présidé à une partie de ce travail; d'autres en font honneur à Hélie de Malemort, doyen du chapitre; d'autres, à l'évêque Gilbert de Malemort; à mon tour, je vais affirmer que je regarde Raynaud de La Porte comme le véritable constructeur du chœur gothique de la cathédrale actuelle.

Cela demande explication. Dans tout ce qui a été émis sur la construction de ce chœur, je ne trouve que trois témoignages appartenant à des auteurs contemporains, c'est-à-dire parfai-

tement à même de connaître et de donner des dates précises :
l'un est Maleu, auteur de la chronique de Saint-Junien. Ce
jeune savant, pâle et maladif, dont le visage nous apparaît
entouré d'une si poétique auréole, était l'ami, presque l'élève de
Raynaud ; c'est sous son inspiration qu'il composa son livre :
son témoignage est donc du plus grand poids. Le second est
Bernard Guidonis, un autre Limousin, qui, avant d'être inquisiteur de la foi et évêque de Lodève, avait été supérieur des
Dominicains de Limoges, et y avait travaillé aussi à la construction d'une église, celle de Sainte-Marie, où il est enterré.
Enfin la troisième autorité est celle de l'évêque lui-même,
dont les paroles en pareille matière doivent avoir, on en con-
viendra, un poids immense. Or, si je parviens à accorder ces trois
textes, il me semble que le procès sera gagné.

Voyons d'abord le texte de l'évêque : c'est une lettre patente
datée de 1316, c'est-à-dire de la vingt-unième année de son
épiscopat, et traduite par le P. Bonaventure en ses Annales
limousines :

« A tous ceux qui ces présentes lettres verront, Raynaud,
par la grâce de Dieu évêque de Limoges, salut en Notre-
Seigneur :

» Nous vous faisons savoir que nous et notre chapitre de
l'Église de Limoges, laquelle fut bâtie par le bienheureux
Martial, apôtre de Jésus-Christ, qui fut envoyé en Gaule par
saint Pierre, prince des apôtres, selon le commandement
qu'il en avait reçu de Notre-Seigneur, en l'honneur du premier
martyr saint Étienne, laquelle Église, au temps susdit, a tenu
la principauté sur toutes les Églises de la province d'Aquitaine,
ayant été rebâtie par *nos* prédécesseurs d'un édifice qui *n'est* pas
assez beau et décent dans sa forme et figure, *sommes résolus de la
rebâtir d'une plus riche façon de structure,* en l'honneur de Dieu et
du premier martyr saint Étienne, et *en avons commencé l'ouvrage
depuis plusieurs années.* Mais, les ressources pouvant manquer,
nous destinons la moitié des fruits des cures qui vaqueront
durant six ans pour l'exécution de ce dessein,

» Et accordons quarante jours d'indulgence à tous ceux qui
visiteront l'église aux grandes fêtes, et qui feront quelque
aumône pour le bâtiment.

» Donné le vendredi après Saint-Vincent (an de J.-C.
1316) ».

Ne semble-t-il pas que, après un pareil texte, toute discussion

devienne superflue. L'évêque dit que l'édifice *n'est* pas assez
beau, qu'il a été construit par *ses* prédécesseurs sur un plan défec-
tueux; qu'il *est résolu* de le rebâtir d'une plus riche façon, et
qu'il a déjà commencé l'ouvrage depuis plusieurs années. Il dit cela
vingt ans après le commencement de son épiscopat. Aurait-il pu
parler ainsi si son prédécesseur eût fait seulement pour les
murailles du chœur ce qu'a fait Jean de Langeac pour les trois
dernières travées de la nef, et le prélat futur qui remontera ces
colonnes déjà ruinées pourra-t-il se vanter de les *rebâtir,* ou ne
devra-t-il pas se contenter de dire qu'il les *achève ?*

Ce texte pour moi est une preuve capitale. Un évêque ne ment
pas, et il s'agissait d'ailleurs d'une œuvre assez connue pour
empêcher la vanité la plus osée de s'attribuer un mérite qu'elle
n'avait pas. Je conviendrai, si vous voulez, que Gilbert de
Malemort commença quelques travaux préparatoires de terras-
sement, et employa à cette œuvre une partie du revenu des
églises vacantes. Je veux bien que le chanoine Élie de Malemort
ait posé la première pierre le 1ᵉʳ juin 1273 ; j'accorde même que
le riche Aymeric de La Serre, en consacrant une partie de sa
succession à la reconstruction du chœur, ait eu la pensée de
jeter lui-même les fondements de cet édifice s'il n'eût pas été
surpris par une mort subite; mais tout me porte à croire que
Raynaud, et Raynaud seul, mit le projet à exécution.

Loin de contrarier cette idée, le texte de Maleu, qui termina
sa chronique en cette même année 1316, semble s'y appliquer à
merveille, et la corroborer en quelque sorte. « L'an du Seigneur
1273, dit-il, un nouveau fondement fut posé, et une nouvelle
église commencée, à laquelle on travaille encore tous les jours. »
C'est là tout ce que dit le chanoine de Saint-Junien. *On jeta un
fondement,* et *on commença une église :* rien de plus. Qu'y fit-on
pendant cette année et les suivantes ? les travaux furent-ils con-
tinués avec ardeur ? ne furent-ils point suspendus faute de fonds,
après les premiers terrassements, alors que Gilbert de Malemort
se vit obligé d'avoir recours aux revenus des cures vacantes? Il
n'en dit pas un mot; seulement il a soin d'ajouter : « Aujour-
d'hui on y travaille tous les jours : *Modernis temporibus quotidie
fabricatur.* » Certes je suis loin de contester l'autorité de Maleu : je
l'admets pleinement au contraire; mais, quand nous avons tous
vu, à notre époque où les ressources sont si abondantes et les
moyens d'exécution si faciles, tant de constructions, entreprises
avec le zèle de l'enthousiasme, languir ensuite pendant des

années entières, et demeurer abandonnées, est-il étonnant que, au milieu des péripéties de la guerre étrangère et de la guerre civile, car la querelle des bourgeois et des vicomtes ne fut vidée qu'en 1291, les travaux aient été suspendus ou languissants, et que les déblais qu'il fallait faire pour abattre le chœur de l'ancienne église romane, les réparations que nécessitait l'installation du culte dans la nef demeurée debout de cette vieille basilique, les terrassements surtout qu'exigeait le terrain, dont l'irrégularité est particulièrement remarquable, aient demandé, à une époque où la main-d'œuvre était lente, les chemins mauvais, et les matériaux éloignés (ils venaient de Saint-Jouvent) et difficiles à mettre en œuvre, dix ou douze ans, avant que l'architecte pût déplier son plan et ficher en terre les fûts de ses colonnes?

J'arrive au texte de Bernard Guidonis : « Dans la semaine de la Pentecôte de l'an 1273, Hélie de Malemort, noble homme, doyen de Saint-Étienne, et ses chanoines, placèrent la première pierre des fondements, commençant à l'agrandir de nouveau, avec la magnificence qu'on lui voit aujourd'hui. *Dieu dans la suite lui donna de l'accroissement.* (Bern. Guid., *Speculum sanctorale.*) Ce texte, pas plus que le précédent, n'infirme en rien le témoignage de l'évêque. Remarquez bien qu'il ne dit pas que le chanoine de Malemort agrandit la cathédrale, mais qu'il posa la première pierre des fondements pour commencer à l'agrandir, comme s'il disait : « Ce travail d'agrandissement ayant été décidé, il posa la première pierre des fondements, et même, semble-t-il dire, il ne fit guère que cela; car ce ne fut que dans la suite que Dieu lui donna de l'accroissement. *Deus vero post modum incrementum dedit.* » Je reviendrai tout à l'heure sur ce texte pour en tirer un autre argument; mais je crois inutile d'insister davantage pour vous convaincre qu'il ne détruit pas celui des lettres-patentes de Raynaud.

Voulez-vous maintenant que j'invoque la tradition? On lit dans les Annales du Limousin, sous la date de 1311 : « Quelques manuscrits mettent vers ce temps le bâtiments somptueux du chœur de l'église de Limoges, sous l'évêque Raynaud, disant qu'auparavant ce chœur n'étoit pas honnetement bâty ». (Bonav., T. III, p. 611.) Il me semble qu'il serait difficile de trouver une opinion plus catégorique, et, sous la plume du savant franciscain, elle ne manque pas d'une certaine autorité.

Enfin, si l'abbé Nadaud n'avait mérité de son évêque le

reproche d'être un peu brouillon (voir aux Bulletins de la
Société, T. V, p. 90), je vous citerais avec plaisir le témoignage
de cet infatigable travailleur; car, si, à l'article de *Gilbert de
Malemort*, il dit : « La cathédrale avoit été bâtie avec un
mauvais goût et un ouvrage très-grossier : il *recommença* à la faire
bâtir », (Nadaud : *Mss du gr.-sém.*), l'auteur ne manque pas
d'ajouter, quelques pages plus loin, à propos de Raynaud de
La Porte : « L'ancienne église avoit été bâtie par ses prédécesseurs d'une manière peu décente et dans un goût mauss-
sade : il *commença* à la faire bâtir de nouveau dans une forme
plus noble, plus ample et plus élégante ». (Même manuscrit.)
A moins d'admettre que Raynaud fit abattre les travaux com-
mencés par son prédécesseur pour reconstruire sur un nouveau
plan, ce qui, après tout, serait possible, c'est au dernier de ces
deux textes du même auteur que nous devons accorder la préfé-
rence, et notre Raynaud demeure toujours en possession d'avoir
construit le chœur de Saint-Étienne.

J'ajouterai maintenant qu'il l'acheva, ou tout au moins qu'il
le porta à un degré tel d'achèvement que son successeur n'eut
aucune peine à le terminer. Cette insinuation repose sur le
témoignage de Guidonis, sur l'observation de quelques points
d'architecture, et sur l'appréciation de l'un des membres les
plus distingués de notre compagnie, M. F. de Verneilh.

En admettant, avec l'abbé Arbellot, que le *Sanctoral* de
Bernard Guidonis, auquel est empruntée la citation indiquée plus
haut, n'ait été terminé qu'en 1324, époque où il le dédia au
pape, ce qui n'est pas très-probable, car, pour recopier un livre
de cette étendue, il faut un certain temps, toujours est-il que ces
paroles : *prout nunc cernitur : — dans l'état où on le voit aujourd'hui,*
indiquent clairement que, en 1324 au plus tard, le chœur était
achevé, et « apparaissait, dit l'historien de la cathédrale, avec
cette ornementation magnifique qui avait frappé Bernard
Guidonis. Les cintres lourds et massifs du chœur roman avaient
fait place aux ogives élancées : aux piliers carrés, aux colonnes
cylindriques, avaient succédé des faisceaux de colonnettes, qui
prolongeaient dans une voûte hardie d'élégantes nervures; des
chapiteaux formés par des guirlandes de feuillage faisaient
oublier les chapiteaux cubiques grossièrement sculptés; les
fenêtres étroites et avares de lumière avaient été remplacées par
un double étage de larges fenêtres ornées de trèfles, de quatre-

feuilles, de roses et d'étoiles. C'était une transformation merveil-leuse. » (Arbellot, *Bulletins de la Société*, T. III, p. 197.)

Nous avons dit que l'épiscopat de Raynaud dura vingt-deux ans, et admis, avec tous les historiens, que ses prédécesseurs depuis quinze ans avaient sinon construit les murs, du moins achevé les remblais, et ramassé tous les matériaux nécessaires à l'architecte. Il est à regretter que le nom de l'homme de génie qui sut si habilement imprimer sur la pierre le sceau de sa puis-sante imagination, et tailler à jour le granit de nos montagnes, n'ait pu encore être arraché à la poudre des bibliothèques; mais, quel qu'ait été son nom, son œuvre subsiste, et porte un cachet d'originalité tel qu'on peut à première vue distinguer où son travail s'arrête : or, Raynaud de La Porte étant mort, en 1324 ou 1325, après avoir manifesté le désir d'être enterré à Limoges, et son tombeau, construit probablement la même année, ne portant aucune marque qui puisse permettre de rapprocher le genre de son dessin de celui du chœur de notre cathédrale, on peut en conclure que, à cette époque, l'architecte était mort, et l'œuvre terminée; car celui qui pendant vingt ans' avait travaillé de concert avec l'évêque n'aurait certainement pas souffert qu'un autre lui rendît ce dernier honneur, et, d'un autre côté, l'admi-rable perfection de ce chœur, l'harmonie qui règne dans toutes ses parties, la finesse passionnée des plus minces détails, ne permettent aucunement de supposer que, après avoir été com-mencé sous les yeux de l'auteur du plan, il ait dû être terminé sur de simples indications.

Enfin l'opinion de M. de Verneilh, si profondément versé dans ces matières, a pour moi la force d'un document historique. « Le chœur de l'église de Limoges, dit le savant archéologue, fut porté vers 1320 au degré d'achèvement où il se trouve aujourd'hui. (F. de Verneilh, *Études sur la cathédr. de Cologne.*) » Ainsi à la preuve historique et à la preuve d'induction se trouve réuni le troisième degré de la certitude humaine, la preuve de critique, et vous voyez que je suis bien autorisé à dire que l'évêque Raynaud fut le véritable constructeur du chœur de notre métropole.

Je me reprocherais d'avoir si longuement insisté sur un point obscur d'archéologie si ce monument, comme dit M. Arbellot, n'était l'expression la plus parfaite de l'art limousin au moyen âge, et partant l'un des plus beaux titres de mon héros à la re-connaissance de la postérité.

Assurément une cathédrale n'est pas l'œuvre d'un homme : si le goût de l'architecture religieuse n'eût pas été la passion dominante des esprits éclairés aux xiiie et xive siècles ; si les admirables basiliques de Reims, de Chartres, de Paris, de Rouen, de Saint-Denis, nouvellement sorties de terre, ou encore en chantier, n'eussent excité l'émulation des âmes chrétiennes en même temps que le génie des maîtres-maçons, comme on disait alors, il est possible que cette pensée féconde ne fût pas venue à la pensée d'un homme déjà absorbé par tant de soucis ; mais les circonstances voulurent ajouter cette gloire à sa couronne : c'est un devoir pour l'historien de ne pas la passer sous silence.

Souvent, depuis que je m'occupe à recueillir les matériaux épars de cette biographie, j'ai pris plaisir à me représenter cette grave et pensive figure de l'illustre prélat suivant du regard la pose de ces longues colonnes, élancées comme les arbres d'une forêt, les courbes qu'elles décrivent, les voûtes légères qu'elles supportent, les longues fenêtres qui les éclairent, tout cet art nouveau de l'ogive, nouvellement né de l'aspect des bois et de la pensée des cieux, et destiné à remplacer l'art roman, qui s'éteint, comme les empires nouveaux prennent la place des souverainetés qui succombent. L'art ancien était lourd, sombre, froid, triste, comme l'esclavage ; l'art nouveau, clair, fleuri, élancé, annonce la civilisation naissante et la liberté qui germe.

C'est ici que, pour compléter mon travail, je devrais donner la description technique du chœur de l'église, et faire ressortir le mérite de chacune de ses parties : malheureusement je suis au début de mes études archéologiques, et mon éloge maladroit ne pourrait que nuire au monument. Je dois seulement dire que cette partie de la basilique occupe une superficie de 4,000 mètres environ, ayant 60 mètres de large sur 70 de profondeur. La hauteur de la voûte principale est de 28 mètres. Le chœur, soutenu par 14 colonnes, est éclairé par 13 fenêtres, au-dessous desquelles règne une galerie percée d'arcades en ogives, et ornée de colonnettes et de trèfles. Autour du chœur règne extérieurement un bas-côté très-spacieux orné de 11 chapelles, dont deux servent de sacristie. Toutes sont éclairées par de grandes fenêtres percées à leur centre.

« Un effet merveilleux, dit Tripon, qui résulte de la justesse des proportions et de l'harmonie des parties, la hardiesse de la voûte, l'élévation des ogives, impriment à cette partie de

l'édifice un caractère tout-à-fait grandiose. » (Tripon, *Hist.
monum. du Limousin.*)

Suivant le plan, la forme générale de l'église devait être celle
d'une croix latine; mais le manque d'argent força le successeur de
Raynaud de La Porte à laisser le transept roman souder son
beau chœur gothique à la pauvre nef que le pape Urbain II
avait bénie. Ce ne fut qu'en 1344 que l'évêque Guy de Comborn
construisit d'un style assez maussade une des ailes de la croix et
la porte du sud. En revanche, vers 1517, sous l'épiscopat de
Philippe de Montmorency, l'aile du nord et l'admirable portail
qui y donne entrée furent dessinés avec une perfection infinie.
Peu de temps avant, sous l'évêque Barton de Montbas (1500),
une des larges travées de la nef romane avait été remplacée par
deux travées en style flamboyant, dont la hauteur et les
dispositions se rattachent harmonieusement au plan du chœur.
(Arbellot, *Cathédrale de Limoges.*) C'est en vain que les prélats
qui suivirent essayèrent d'achever les trois dernières travées qui
doivent joindre la nef au clocher. Vers 1537, Jean de Langeac
fit abattre ce qui restait de l'église romane, et commencer les
contreforts des nouvelles murailles; mais la disette de fonds
et la mort l'arrêtèrent. Les guerres de religion qui suivirent
empêchèrent de reprendre les travaux, et l'œuvre admirable de
Raynaud de La Porte reste encore inachevée.

VI.

Au mois de décembre 1316, l'évêque de Limoges fut appelé
par le pape Jean XXII à l'archevêché de Bourges en remplace-
ment de Gilles de Rome, qui venait de mourir. Je n'essaierai pas
de le suivre sur ce nouveau théâtre, où son zèle ne cessa de se
manifester par de sages règlements, en même temps que
l'estime qu'on faisait de sa personne était mise en lumière par
les missions qu'on lui confiait : je dirai seulement d'une façon
sommaire que, après avoir inauguré son administration par de
belles et salutaires ordonnances sur la manière de célébrer
l'office divin (*Gallia purpurata,* art. *Raynaldus de La Porte*), il fut
commis, en 1317, avec Jean de Cherchemont, chanoine de Paris,
depuis chancelier de France, pour rétablir l'université d'Orléans,
que des raisons politiques avaient contraint de supprimer. La
même année, il fut désigné par le pape pour faire révoquer le

traité passé entre le roi Philippe le Long et ses grands vassaux
irrités contre lui, et encore pour servir d'arbitre entre le même
roi et le duc de Bourgogne pour les hommages de la Champagne
et de la Brie. (*Annales de Toulouse*, T. I, p. 20.) En 1320, il fut
envoyé par le pape avec le général des dominicains pour entamer
entre la France et la Flandre la négociation de la paix qui
amena le mariage du comte de Réthel avec une fille du roi.
(Baluze, *Vitæ pap. Av.*, T. I, col. 120, et *Gallia christ.*, T. III).
La même année, le souverain pontife lui écrivit, à propos des
pastoureaux, qui commençaient à désoler la France, une bulle
dont l'original se trouve, dit Nadaud, à l'évêché de Clermont.

En récompense de tant de services, Jean XXII le revêtit de la
pourpre romaine le 19 décembre 1320 en même temps que sept
autres prélats français. (Longueval, *Hist. de l'Église gallic.*) Il
porta le titre de cardinal-prêtre des SS. Nérée et Achillée.
Appelé aux côtés du pontife, qui voulait s'éclairer de ses lumières
dans le gouvernement de l'Église universelle, il quitta bientôt
l'évêché de Bourges pour la résidence d'Avignon, avec le titre
d'évêque d'Ostie.

Tous ces honneurs ne l'empêchaient point de songer à la mort
et au jugement qui doit récompenser chacun, non d'après son
emploi dans le monde, mais d'après la valeur de ses œuvres.
En 1322, nous le voyons faire son testament (Duchesne,
Nadaud), dans lequel il fonde une vicairie dans la cathédrale de
Limoges, à la chapelle de la Vierge, une autre à Allassac, et
son anniversaire dans toutes les collégiales, abbayes, prieurés
et couvents du diocèse où il était né, et qu'il avait gouverné si
long-temps avec amour.

Les auteurs ne sont pas d'accord sur l'époque de sa mort. Le
Gallia christiana le fait mourir en 1326; Nadaud place ses
obsèques au 12 septembre 1325. Je préfère m'en rapporter à une
note du manuscrit de Maleu qui donne l'année 1324 (Maleu,
Chron., p. 115), et adopter pour quantième le 20 octobre, avec le
nécrologe de Bonnesaigne.

Ses restes furent transportés à Limoges, et inhumés dans la
cathédrale. On y voit encore son tombeau sous un arceau du
côté de l'Épître. (*Gall. christ.*, *loco cit.*) Ce petit monument, dont
j'ai déjà dit un mot, est d'une fort belle exécution. La partie
supérieure est formée de deux frontons très-aigus, sous lesquels
repose, derrière un léger rideau de pierre soulevé par deux
anges, une figure d'évêque en marbre blanc, les pieds appuyés

sur un lion, et pressant de ses deux bras croisés une espèce de flambeau. Trois des quatre bas-reliefs mutilés de ce tombeau figurent, suivant M. Arbellot, la lapidation de saint Étienne, le Christ juge et le martyre de sainte Valérie. Le soubassement est orné de six figures (c'est à tort que M. Allou en indique huit), dont il est difficile d'indiquer le symbole.

Les armes de Raynaud de La Porte, suivant Duchesne en son *Histoire des Cardinaux français,* étaient de gueules à la porte d'argent. Thaumas de La Thaumassière, historien du Berry, soutient qu'il portait de gueules au portail d'or crénelé par le haut. Nadaud partage la même doctrine. Le *Gallia christiana* lui donne un écu d'azur avec une porte d'argent : *In area cœrulea portam argenteam;* et c'est l'opinion adoptée par le décorateur du tombeau, où se voient encore des débris de peinture d'armoiries. J'inclinerais cependant à croire que Duchesne était le mieux renseigné.

Limoges, septembre 1861.

ARMAND DE LA PORTE,
De la Société Historique du Limousin.

www.ingramcontent.com/pod-product-compliance
Lightning Source LLC
Chambersburg PA
CBHW072020290326
41934CB00009BA/2137